なぜか好かれる人がやっている100の習慣

藤本梨恵子

FUJIMOTO RIEKO

明日香出版社

「すべての悩みは対人関係の悩みである」

アルフレッド・アドラー

はじめに

「もし、短期間で誰とでも信頼関係を築くことができたら」
「もし、どんな人からも愛されることができたら」

あなたの人生はどんな風にかわるのでしょうか？

家族、恋人、友人、同僚、上司……人は違っても人間関係に悩む人は多いものです。
アメリカ労働科学研究所の調査では、仕事の生産性を上げる要因の第一位が「人間関係の改善」であると公表されています。

「職場でも日常でも人がいるところにはコミュニケーションが重要なのに、学校でも会社でもコミュニケーションについて習う機会はほとんどない」

私の講座に来てくれた受講生の言葉です。これだけ人間関係が大切だと言われているのに、私達はコミュニケーションについて学ぶ機会がほとんどないのです。

私もコミュニケーションについて学びはじめたのは、20代後半からです。家庭の事情により、親戚の家を転々とし、小中学校で6度の転校。新しい環境に馴染めない、自分の居場所がないと感じることもしばしばありました。

高校からは住み込みで新聞配達の仕事をして学費を捻出。それが恥ずかしくて、友人達には隠して普通の若者を装って暮らしていました。

住み込みで働いたことで、他人との共同生活の大変さを痛感しました。明るく見えても、繊細なタイプの自分にとって、人間関係はいつも悩みのタネでした。

短大を卒業後、月130時間を超える残業に加え、毎日、社長室から社員を怒鳴る声が鳴り響く会社に勤めた結果、肉体的疲労と精神的なストレスで、ある朝起きると前歯が欠けていました。

「これでは、精神が壊れてしまう。自分を救わなくては！」と一念発起し、NLP、交流分析、産業カウンセリング、キャリアカウンセリング、マインドフルネス瞑想など、心理学・精神世界に関する勉強をはじめました。

その後、学んだ手法を統合し、講師・カウンセラーとして独立。

相談者は延べ1万人を超え、セミナー登壇数は２０００回に及んだ結果、多くの方の人間関係の悩みに触れました。

そして、がむしゃらに働いていた40代、ステージ3の癌《がん》に倒れたのです。

「命まで取られるわけではない」と何事も前向きに乗り越えてきた私でしたが、努力しても治ることがない命の危機に、どうするべきなのかわからなくなってしまいました。

そのとき自分を救ったのは、心理学やマインドフルネス瞑想で学んだ考え方と周りの人々の支えでした。

「人」に悩まされることも多い人生でしたが、どん底の自分を救ったのもやはり「人」だったのです。

「何かを深く学ぶなら、最も離れた場所から学ばなければいけない」と言います。例えば、水のありがたみについて深く知るには、水が豊富にある国ではなく、砂漠のように水がない国で暮らすほうが理解できます。

「人の心」を深く知るためには、恵まれた人間関係や悩みのない生活からはじめるのではなく、その反対からはじめる必要があったのです。自分の人生を振り返って今はそんな風に感じています。

私の生き方と人間関係を変えた心理学は、その後、カウンセリングやセミナーでその手法を伝えると「生きるのが楽になった」という声をいただくようになりました。

人間関係につまずくことがあったら、それはあなたが悪いのではなく、人の心理について学び、実践する機会がなかっただけです。多くの人ができないと思っていることは、やり方を知らないだけなのです。

私は本書を通じて、あなたがもっと自分を好きになり、他人のことも同様に愛せるようになるエッセンスを届けたいのです。自分を愛せない人は、真に他人を愛せないからです。

この本は、人間関係を通じて、あなたの生き方を変える本です。
コミュニケーションを変えると、あなたのつき合う人が変わります。
つき合う人が変われば、考えも、行動もさらに変わります。
すると生き方が変わるのです。

藤本　梨恵子

◎なぜか好かれる人がやっている100の習慣　もくじ

第2章 話し方編

第3章 人づき合い編

第4章 行動編

第5章 ポジティブ思考編

第6章 仕事・営業編

第7章 ストレスフリー編

おわりに

カバーデザイン：小口翔平＋喜來詩織（tobufune）
カバーイラスト：芦野公平

第 1 章

見た目・仕草編

01

視線で好感を生み出す

「目は口ほどにものを言う」と言いますが、実際に私達の視線は、どのくらいメッセージを語ってくれるのでしょうか？

脳の取扱説明書と言われるＮＬＰ（Neuro Linguistic Programing 神経言語プログラムの略称）**では相手の心を読むとき、視線の動きに注目します。**

例えば、「昨日はどこにいた？」と聞いて、右上を見ながら話すと嘘（右は未来、上は想像するときの方向）、左下を見ているなら本当のこと（左は過去、下は自分の気持ちを感じるときの方向）を話していると分析します。

ときどき、あなたの話を聴いているときや講演会などで聴講しているときに、目を閉じて聴いている人はいませんか？　その人は、音に集中し、視界情報を遮断しています。この行為を「色を消す」「色をなくす」と言います。

これにより、視界から入る他の情報や人に惑わされることなく、考えることができます。同時に、無意識に相手に自分の考えを悟られないようにしています。

女性が名前を呼ばれて振り向くときに、一度視線を下に落としてから振り向くと「色っぽい」と言われるのは、視線を落とすことで、恥じらいを相手に感じさせるからです。このように視線は、私達が思う以上にいろいろなメッセージを発信しています。

アメリカの大統領選挙では、瞬《まばた》きが多い候補者が負けると言われています。瞬きは緊張の度合いを表し、これを見た人達が「嘘をついているのでは？」と無意識に感じてしまうからです。

また、嫌われる人は目の動きが極端で、ずっと目が合わなかったり、凝視したりします。相手の視線に注意を払う余裕もありません。

マンツーマンで婚活の指導をしている友人は、視線が不自然な男性に対して、「はい今見て、はい今視線を外す」など視線を合わすタイミングを細かく指導しています。

好かれる人はアイコンタクトも瞬きも自然です。さらに**相手の視線を注意深く見て、相手の気持ちを掴んでいきます。**

視線で無言のメッセージを伝える！

02

口角の高さは好感度と比例する

嫌われる人は口角が下がっています。もちろん、わざとではありません。日本語は表情筋をあまり使わなくても発音できます。欧米人が表情筋を60%使うところを日本人は20〜30%しか使いません。だから日本人は年齢が上がるほど口角が下がりやすいのです。

好感度の高い営業マンのAさんは、お客様とは一期一会と考えています。だから、営業車から降りるときにバックミラーで自分の笑顔を確認してから客先を訪問します。

誰かがあなたを思い浮かべたときに、「笑顔のあなた」を思い出すくらい、いつも笑顔でいると好かれます。

心理学では、内側のものは外側に現れると言われます。居心地が悪いと自然と腕組みをするのは、心を閉ざしている内側の状態が、腕を組むという外側の行動に現れたのです。つまり、笑顔でいるだけで、無意識に〝私はあなたに心を開いています〟と相手に伝えているのです。

アメリカのデポー大学で、マシュー・ハーテンステイン氏が行った研究では、**卒業アルバムで笑顔の人と、そうでない人の人生を追跡すると、あまり笑っていない人の離婚率は、**

満面の笑みの人の5倍であったという結果が出ています。笑顔が人間関係に大きく影響するのです。

普段から無表情な人や、マスクをつけて他者に表情を見せない人は、表情筋が弱まり、笑顔が乏しくなります。

「笑顔＝口角を上げる」と好感度は上がります。

「顔は親の責任。でも表情は自分の責任」です。顔の輪郭が丸い・四角いは遺伝的要素が強いですが、表情を笑顔にするか、仏頂面にするかは自分でコントロールできるはずです。

ブッダも「毎日、誰かに贈り物をしなさい。それは、品物でなくていい、感謝の言葉や笑顔など相手を幸せにする贈り物なら何でもいい」と言いました。

あなたの笑顔は必ず誰かを幸せにします。卒業アルバムで笑顔だった人が結婚生活が長続きするのは、ずっと笑顔の贈り物をし続けてきたからかもしれません。

笑顔という贈り物をする！

03

表情は容姿を超える

シワのでき方はあなたのコミュニケーション能力を表します。いつも眉間にシワを寄せている人は、眉間に縦ジワが増えます。反対に目尻に横ジワが多い人は、いつも笑顔の人です。シワは表情筋の使い方で変わります。

あるメイクさんが、**「縦ジワは自然にはできない。困った表情や、怒った表情などを繰り返すと、それを表情筋が記憶するからできる」**と言いました。

私が仏顔3人組と呼ぶ友人は、税理士、塾講師、ボイストレーナーと別々の仕事をしています。ただ、お客様に好かれなければならないのは同じです。仏顔の定義は常に笑顔。笑うと目がなくなる、クシャっとした感じの、優しそうな顔です。私は、彼らは生まれつきタレ目で笑い顔だと思っていました。

タレ目、ツリ目の基準は、目頭から目尻を結んだ一本の線が、上か下かで決まります。実はその3人は全員、ツリ目でした。彼らが普段「笑顔が素敵ですね」「優しそうな方ですね」と言われるのは、目尻が下がっているからです。笑顔が多いので当然、目尻のシワも横ジワです。表情が容姿を上回っているから好印象が生まれたのです。

ある営業マンはいつも一生懸命説明をしますが、眉間にシワを寄せながら眉毛がハの字になっているため、困っているように見えます。彼の話を聞いていると、何だか難しそうに聞こえてしまい、肩が凝ってきます。

眉間にシワを作る皺眉筋《しゅうびきん》は、感情とリンクして本音を表すと言われています。本来、「眉をひそめる」という言葉があるように、不快な話題を聞いたときに、人は眉間にシワを寄せます。だから、癖でシワを寄せてしまう人は損をします。

カウンセラーのAさんも熱心に相手の相談に乗るのですが、こちらも眉間にシワを寄せて眉毛がハの字になっています。深刻な話のときはいいのですが、楽しい話のときは、気分が盛り上がりません。

表情が容姿を下回っていると印象が良くないのです。

縦ジワを作らない！

04

仲間を増やす視線

トップセールスマンの友人は、異業種交流会などで初対面の人でも、同じテーブルに座った方達に平等に視線を配り、話題も振ります。

彼は「話していない人や、つまらなそうにしている人がいると気になる。なるべくそうならないように気にかける」と言います。

そんな彼の視線は、心の矢印（心のエネルギー）がいつも、相手に向かっています。だから彼はどんな会でも短期間で幹事を任され、常に声がかかります。視線で仲間を増やしているのです。

一方、職場で誤解を受けやすいAさんは、職場で自分が心を開いている相手にしか視線を合わせません。例えば、ランチをする際も新人社員とは目を合わせず、以前からいる社員のほうに視線を向けて話します。

職場にまだ馴染めず、不安な思いを抱えている新人社員の中には「私はどうもAさんに嫌われているみたいで……」と漏らす人までいます。

Aさんに悪気はありません。単なる〝人見知り〟です。目を合わすのが恥ずかしいのです。

「初対面の相手が自分のことをどう思うのか？」と心の矢印を自分に向けると、どんどん緊張して話せなくなります。だからＡさんは相手と視線を合わせられないのです。それが、**自分でも知らないうちに、視線で相手を仲間外れにしてしまう**結果を招いているのです。

Ａさんは、社歴も長く仕事はできるのですが、社内でヒューマンスキルが低いと評価され、昇進の機会を逃しています。

ハーバードビジネススクールが行った研究でもヒューマンスキルがある人とない人では生涯年収が１・８５倍違うと結果が出ています。

気配りは視線配りなのです。**好かれる人はいつも気持ちと視線を相手に配ります。**

嫌われる人は自分の評価を気にし、気持ちも視線も相手に配ることができません。

相手に気を配るように意識すると、自然に視線は相手に向かいます。

気配りは視線配り！

05

視線でチャンスを摑む

相手の視線を摑むことは、相手の心を摑むことです。人の心を摑む人が、チャンスを摑みます。

会議でも、**視線が合っている人に話が振られやすく、真剣に話を聞いている姿勢が伝わるので、周囲から好感が持たれます。**

これは就活生の採用試験のグループディスカッションでも同様です。5～6人の初対面のグループでの話し合いも、自分から発言できなくても、アイコンタクト、相づち、頷きがある学生には、話し手の学生の視線が集まり、意見を求められやすくなります。すると人事担当者の目にとまり、合格しやすくなるのです。

視線は種まきと同じです。

好かれる人は多くの人に視線を投げかけ、信頼関係を芽吹かせ、チャンスを摑みます。

嫌われる人は視線を落として、相手を見ていないため種をまいていないのです。

心理カウンセリングを行う際も、短時間で相手に心を開いてもらうためには、**「キャリブレーション」**（相手の表情や姿勢など言葉以外のサインを観察すること）が基本です。

視線を合わせることで、相手に安心感を与え、相手の気持ちの変化を表情等から読むことができます。キチンと相手を見ていると「一番相手が言いたいこと＝主訴」を摑めるのです。

そして、人間は自分のことを理解して欲しい生き物です。カウンセリングの神様と呼ばれるカール・ロジャーズは、信頼関係を築く上で**「裁こうとするな、理解しようとしろ」**と言っています。理解するためのスタートは相手を見ることです。

人と会っていても携帯ばかり見ていませんか？

人よりも携帯に注意をとられているようでは、相手の心を摑むことはできません。

人から好かれ、信頼される人は相手にしっかりと視線を向けています。視線を向けるから、相手の話の主訴や核心部分が聞けるようになり、理解できるのです。

自分のことをわかってくれる人に、人は心を開きます。

アイコンタクトで「聞いています」のサインを送る！

06
視線をコントロールする

「男性は嘘をつくと目が泳ぎ、女性は相手の目を見ながら嘘をつく」と言われるほど、男性の視線は女性より正直です。嘘をつくと心の中の不安が目に出てしまうのです。

私は婚活セミナーの講師をする際、参加者の男女が話している様子を観察していますが、**ある男性は無意識に好みのタイプの女性を前にすると、頭の先からつま先まで全身を舐《な》め回すように見ていました。**

もちろん、本人に自覚はありません。視線が正直なだけです。

でも女性にとっては、「気持ち悪い」の一言に尽きます。

実際に婚活パーティーが終わると複数の参加女性から「あの人、ジロジロ見てきて気持ち悪い……」と私のもとへ苦情が入りました。これでは恋愛に発展するどころか、第一印象も最悪という評価で終わります。

このように嫌われる人は、自分の視線を野放しにしています。視線に鈍感なのです。

反対に好かれる人は、意識して相手の首から下は見ないなど視線をコントロールしています。

ビジネスシーンの視線はさらに注意が必要です。

企業でのハラスメント防止対策が進むアメリカでは、大手動画配信会社ネットフリックスが**「職場で5秒以上見つめるのは禁止」**というルールを設けて話題になりました。

男性は、女性がセクシーな服装や体のラインがわかる服装をしていると、目で追ってしまいがちです。職場でそのような視線を使ってしまうと、女性社員から「社内の人に性的な目で見られて不快」と言われかねません。

日本人は空気を敏感に読みます。

「目は口ほどにものを言う」という言葉があるように、人の視線にも敏感です。だからこそ相手の首から下は見ないことで、相手へ敬意を払い、不快にさせないことが重要です。

あなたの視線がハラスメントにならないためにも。

相手の首から下は見ない！

07 相手の心が開くポジショニング

人にはパーソナルスペースという心理的な縄張りがあります。このスペースに他人が近づくと不快に感じます。対人距離とも呼ばれるこのスペースは、女性は自分を中心に円を描くように丸く、男性は自分の前方に長く伸びた楕円だと言われます。

私が研修で行うワークがあります。参加者にペアになって椅子に座ってもらい、①向かい合って座って見つめ合ってもらう。②横に並んで座ってもらう。その後、それぞれで得られた自分の感覚の違いを話してもらいます。

この場合、多くの人は①の姿勢だと「膝がムズムズする」「居心地が悪い」と言います。この座り方は、コーチングなどでは**「対決姿勢」**と呼ばれ緊張感が高まるのです。討論番組のように意見を戦わせる、上司が部下に決意表明をさせるような場面には向いていますが、心を開いて話をするのには不向きです。

②の**横並びの姿勢は「ベンチシート＝情の姿勢」と言われ、恋人同士がドライブしたり、映画を見るときにとられる、親しい間柄にふさわしい姿勢です。**参加者からも「①よりしゃべりやすい」「リラックスできる」という感想が多いです。

①「対決姿勢」では2人は反対の景色を見ています。反対のものを見ながら意見を一致させるのは難しいのです。

②の**「ベンチシート」では2人が見ている景色は同じです。見るものが同じなら、内側の気持ちも一致させやすいのです。**だから①の「対決姿勢」より、②の「ベンチシート」のほうがリラックスできるのです。

しかし、初対面の相手や仕事ではカウンターで横並びともいきません。そこでオススメなのが、斜め45度に座ることです。カウンセリングやコーチングなどでクライアントと良い関係を築くために使われる姿勢でもあります。病院で患者と医師が話をするときの姿勢です。「ベンチシート」より親しすぎず、「対決姿勢」より緊張しないポジショニングです。

このように、商談をはじめる前から、安心感や信頼感が生まれるポジショニングが存在します。

45度に座ると話しやすい

シーンに合わせて、ベストなポジショニングを取る！

08

「心開いていますサイン」を指先から出す

印象をコントロールするポジショニングは、他にもあります。

例えば、喫茶店でお客様と商談する際、お客様は上座、つまり入り口から遠い席に座ってもらうのが基本です。しかし、自分の話に集中してもらいたい場合は、心理的な工夫が必要です。お客様が上座のとき、入り口のほうに目がいく場所の場合、ドアの開閉、話し声などで気が散りやすくなります。だから、あえてお客様に入り口に背を向けていただき、壁と自分だけを視界に入れ、商談に集中してもらうのです。

また、**威厳をもって話したいときは太陽をバックに話す**のも効果的です。後光が差しているようで、あなたの話にありがたみが出ます。

このように、いつも外側が内側に影響を与え、内側は外側に現れることを理解し、ポジショニングすることが重要です。

心理的に「手相見せて」とお願いするときも、性格が開けっぴろげな人は指を広げて手のひらを見せます。臆病だったり、神経質な人は指先を揃えて手のひらを見せると言われています。内側（性格）が外側（手のひらの見せ方）に現れているのです。

これを逆に利用して、ある女性コーチはクライアントに対して心を開いていると示すために、**なるべく手や足をオープンにして話します。**コーチが先に心を開くと、相手も心を開きやすいからです。だからこの女性コーチはスカートを穿かず、パンツばかり穿くようになったと言います。

また、商談が進んできたら「少し、暑くないですか？　よかったら、上着脱いでください」と相手に言って、自分が先にスーツのジャケットを脱ぐことも有効です。鎧《よろい》を脱ぐのと同様、警戒心を解いたと相手の無意識に伝えるからです。**相手が上着を脱いだときは、警戒を解き、こちらに腹の中を見せている**と言えます。

嫌われる人は癖で悪気なく足を組んだり、腕を組んだりしています。緊張からかもしれませんが、これは相手に対して「私はあなたに心を閉じています」というサインを送っているのです。

表情、指先、足はオープン気味で「心開いています」のサインを出す！

09 N・H・Kで動く

ビジネスマナーでは立ち居振る舞いや言葉づかいについて、「N・H・K」が大切と言われます。Nはニコニコ、Hはハキハキ、Kはキビキビです。

ビジネスの世界では時間はお客様のものです。電話で保留時間が長いとイライラします。待たされるからです。「三鈴《さんれい》は会社の恥」と言い、電話を3コール以内に取るルールの会社が多いのは相手を待たせないためです。

私は就職支援で面接対策を教えていますが、ドアの閉め方や椅子の座り方が丁寧でも、やたらゆっくりな人がいます。これでは、面接官を待たせてしまいます。キビキビした印象を与えられません。なかなか就職できない人には、猫背や足を引きずるように歩くなどの特徴があります。モデルのように歩く必要はありませんが、悪目立ちすると、短時間で判断される面接では命取りになります。ある人事担当者は**「面接のとき、歩き方だけで、この人を採用しないと判断することがある」**と言います。

ベタな映画でも、チンピラ役はポケットに手を突っ込んでガニ股で歩きます。一方、紳士は背筋を伸ばして、キビキビ歩きます。歩いたときに、爽やかな春風が吹くような歩き方が好印象なのです。やや大きめの歩幅で靴音をたてずに歩きます。できるホテルマンは靴の裏にゴムを貼って、歩いても音が出ないようにしています。

ダラダラ歩いていると、風を起こせません。風を起こすにはスピードが必要です。

アメリカの心理学者、ニーレンバーグ博士は歩き方から性格を分類しています。**歩き方にも性格が表れる**のです。早足で腕を大きく振って歩くタイプは目標志向型の人で、仕事をバリバリこなす勤勉家。ポケットに手を突っ込んで歩くタイプはひねくれ者で、人の粗探しが得意な批判家など数タイプに分類されます。

内側（心）は必ず、外側（行動など）に現れます。隠しきれないのです。そして、全体は部分に現れます。歩き方がキビキビした人は、仕事もキビキビこなします。ダラダラした歩き方は、心のだらしなさの反映です。仕事のスピードも期待できません。

相手はあなたの歩き方（外側）を見て、あなたの性格（内側）を無意識に推測してしまうのです。

キビキビ歩いて春風を吹かす！

10 正しいスメハラ対策

中高年の男性が気にするものの1つに加齢臭があります。「オヤジ臭が出ないように、耳の後ろをよく洗う」と言う方も多いようです。最近の上司は、職場の若者に嫌われないようにニオイまで気にしています。

体育系の大学を出て、今でも少年野球の監督をするAさん。夏休みは、子供達と朝から練習し、畑仕事をしたりと汗をかくことが多い生活をしています。だから、汗臭い、オヤジ臭がしてはいけないと、整髪料に良い香りがするものを選んで会社につけていったのです。しかし、その整髪料こそが、職場の人達にとってはスメルハラスメントだったのです。

スメルハラスメントとはニオイによって周りを不快にし、迷惑をかける行為です。本人に自覚がないのが特徴です。

ニオイの原因は体臭、口臭、香水や柔軟剤の香りなどです。これらが締め切った空間で広がると、不快に感じる人の作業効率が落ちます。

自分の体臭を気にしたAさんは、整髪料の香りで加齢臭を出さないように気をつけただけなのです。しかし、人間は発熱しているため、全身のニオイが頭皮に集まりやすいのです。それを知らなかったAさんからは整髪料と自身の体臭が絡み合ったニオイがして、職場の人から嫌がられたのです。

心理的にもニオイは記憶と結びつきやすいと言われています。例えば、消毒のニオイを嗅ぐと、小学校の頃のプールの時間や、病院で注射を打たれたときを思い出したりしませんか？このように、**ニオイと記憶は強く結びついています。**「臭いニオイ＝あなた」となっては、好かれるのは至難の業です。

実は、目指すべきは香りをつけることではなく、無臭なのです。口臭治療専門の歯科医は「口臭を気にする人はガムを噛んだり、余計なことをするから、唾液が減って口臭がキツくなる」と言います。口の中のおしゃれも、無臭が基本。

私も冬場、暖房の効いた地下鉄の中で、香水のキツイ男性の隣に座って気分が悪くなったことがあります。車内の温度で香水臭さが強くなったのです。なぜ、無臭にしてくれないんだと心から思ったものです。

おしゃれの基本は無臭。余計なことをしない！

11

物の扱い方で好感度が決まる

心理学では**「全体は部分に現れる」**と言われています。

例えば、部屋が散らかっている人（全体）は、カバンの中（部分）も散らかっています。反対にきれい好きの人は部屋もカバンの中身も整理整頓されています。同様に、物の扱い方にも、その人の心根が出ます。

Bさんは学習塾でTA（ティーチングアシスタント）という講師のサポート業務をしています。生徒から「あのTAの先生ちょっと怖い……」とよく言われます。原因はBさんの物の扱い方にあります。

例えば、入塾した生徒向けにたくさんの資料が入った封筒を机の上に配っていくときも、Bさんは封筒を投げ捨てるかのように〝ドン〟〝ドン〟と置きます。本人としては、悪気はなく、急いで配布しているだけです。

一方、高級バッグなどの取扱店の販売員は違います。バッグは自分の店の商品と考えず、お買い上げになるお客様のものと考えます。だから、白い手袋をして、自分の指紋がつかないように配慮し、バッグ自体も実に丁寧に扱います。お客様が無意識に「物＝自分への扱い」だと感じることを知っているからです。だから、お客様は気分良く買い物ができ、高額商品でも売ることができます。

もし、Bさんが、「生徒への配布物の扱い＝生徒への扱い」と感じるということを理解していれば、生徒からの評判が悪くなることもなかったかもしれません。「全体は部分に現れる」ものだからです。

岐阜で行列ができるラーメン屋で大将が調理から片づけまでワンオペで行っているお店があります。店内はドンブリの置き方まで無駄なく整理され、清掃が行き届いています。どんなに忙しくても大将は、入店したお客様一人一人に「いらっしゃいませ！」を欠かしません。そんなすべてに細やかな大将が作るラーメンの味が美味しいのは当然です。

常に人や物を大切に扱う姿勢・考え方（全体）が、1つ1つの行動（部分）として現れるのです。**雑な行動（部分）だけを直そうとしても、すぐに違う雑さが生まれてきます。**丁寧に扱うことの重要性（全体）に気づくとき、自然と行動（部分）は改善されます。考え方が変わると行動が変わります。

常に心に丁寧さを抱く！

12 相手に似た人になる

人は、どんな人に安心感や信頼感を抱くのでしょうか？ セミナーで私がそう質問すると「笑顔の人」「価値観の合う人」「よく話す人」「あまり無駄口を叩かない人」など参加者によって違う答えが出てきます。そのバラバラの答えの中にも、共通点があります。

それは **〝人は無意識に自分に似た人から安心感や信頼感を得る〟** ということです。

笑顔が大切だと思っている人は、笑顔の人に好感を持ちます。例えば、初対面でも出身校が同じだと急に仲良くなることがありませんか？ これを心理学では **「類似性の法則」** と言います。服装、表情、行動、価値観など自分と似た人に、私達は安心感や信頼感を抱くのです。

では、なぜ、自分に似た人から安心感や信頼感を得るのでしょう？

実は太古の昔の私達の生活が関係しています。昔は自分が見たこともない動物と出くわすと襲われて、死んでしまう危険がありました。さらに違う部族と出会うと戦になり死んでしまう危険性もありました。つまり、自分に似ていない人は危険、似ている人は安全と感じるのは本能的な感覚なのです。

相手と信頼関係を築こうとしたら「私とあなたは、似ていますよ」と感じさせることが不可欠です。**短時間で相手に安心感や信頼感を与えたいなら、初対面の相手でも共通点を探すことや、相手に合わせていく**ことが大切です。

これはＮＬＰと言われる心理学では「ペーシング（同調効果）」と言って、「ラポール（信頼関係）」を築く上での基本スキルです。呼吸や仕草、話すスピードなどを相手に合わすことで、無意識的な部分で深い信頼関係を構築する方法です。

好かれる人は自然にペーシングをしています。しかし、嫌われる人は悪気なく、ディスペーシング（反同調行動）になりがちです。相手にペーシングするためには、まずは相手に興味関心を持って、よく見て、話を聞くことが不可欠です。相手を知らなければ、共通点を見つけることも、合わせることもできないのですから。

まずは自分と相手の共通点を探す！

13 無意識を制する

共通点を探すと安心感や信頼感が生まれやすいと言っても、初対面の人で出身地や出身校が同じ人は多くありません。では、どうすればいいのでしょう?

実は意識と無意識の関係を理解することが重要です。意識とは言葉であり、思考です。無意識とは身体的な感覚です。

人は考えているときは「あーでもない」「こーでもない」と言葉を使って考えています。これはとても意識的な状態です。反対に赤ちゃんはとても無意識的です。言葉がないからです。赤ちゃんは考えることができなくても、感じることはできます。お母さんがそばにいないと不安になります。それは、肌で感じているのです。しかし、考えることはできないので「お母さん、忙しそうだから、5分経ったら泣こう!」とはなりません。同様に、大人にも無意識はあります。〝なんだか後ろ髪引かれる……〟〝胸騒ぎがする……〟〝あの人は好きだけど、あの人は嫌い〟というのも理論理屈ではなく感覚です。

「意識=考える私」「無意識=感じる私」です。あなたは普段どれくらいの割合で意識と無意識を使っていると思いますか? 研究によって違いますが、**意識と無意識の割合は1:**

9などと言われており、意識より無意識のほうが断然影響力が大きいのです。つまり、人間関係を制する人は無意識を制する人なのです。

意識は言葉であり、思考です。つまり、相手が話した言葉を自分がマネするのも大切ですが、**無意識的な部分、呼吸や相手の仕草、話すスピードなど言葉以外の部分も合わせていくことが信頼関係を築いていく上で重要です。**

例えば、カフェに入って、どのカップルが仲が良いかはすぐにわかります。仲の良いカップルはコーヒーを飲むタイミングは同じか、彼氏が飲んだ直後に彼女が飲みはじめたりします。ナチュラルペーシングができているのです。

このように私達は好きな人には勝手にペーシングしています。しかし、卓越したコミュニケーション能力のある人は、好き嫌いに限らず、無意識の性質を理解して意図してペーシングを使っています。だから多くの人に好かれるのです。

嫌われる人は無意識の影響力に気づかずに、ディスペーシングしています。つまり無意識を制する人は人間関係で成功し、無意識に振り回される人は失敗に終わるのです。

言葉以外の動作や仕草も相手に合わせる！

14 相手にジェスチャーもスピード感も合わせる

無意識へのペーシングはいろいろあります。

例えばジェスチャー。もしあなたが営業マンだったら、お客様の身振り手振りが大きければ、あなたもお客様に合わせたほうが短期間で信頼関係が築けます。**ジェスチャーをペーシングすることで〝あなたと私は似ています〟と伝えることができる**からです。

大きなジェスチャーのお客様はジェスチャーのない営業マンを「表現が乏しい、サービス精神がない人」だと感じます。反対に、動きの少ないお客様は、営業マンのジェスチャーが大きいと「落ち着きがない人」だと感じます。

声の大きさも同様です。大きな声でハキハキ話す人は、小さな声でボソボソ話す人のことを「自信のない人」だと感じます。反対に小さな声で静かに話す人は大きな声の人のことを「うるさい人」だと感じます。

また、丁寧な敬語で話すお客様は、フランクな話し方の営業マンを「馴れ馴れしい、無礼な人」だと感じます。反対にフランクな話し方の人はガチガチの敬語の人を「堅苦しい打ち解けない人」だと感じます。

話すペースも、早口で話す人は、ゆっくりゆっくり話す人を「頭の回転が鈍い人」だと感じるかもしれません。反対にゆっくり話す人にとって早口で話す人は、「落ち着きがなく、何を言っているのかさっぱりわからない人」ということになりかねません。

あなたも買い物に行ったとき、急いでいるのに、店員がゆっくり商品を袋詰めしてイライラしたことはありませんか？　これはよくあるディスペーシングです。**ペースの速い人のほうが、遅い人に対してイライラしやすい**のです。どんな場合でも、相手のペースに合っていることが最も重要なのです。

しかし、私達は、油断すると自分のペースで行動してしまいます。それでは、たまたま自分とペースが合っている人としか信頼関係が築けません。これは、自分の無意識の行動に振り回されているのも同然です。

好かれる人は、相手のペースを掴み、合わせて、相手の無意識にも働きかけ、能動的に信頼関係を築いていています。

自分のペースだけで行動しない！

15 アドリブを利かす

呼吸以外やジェスチャー、声の大きさなど相手にペーシングすると短時間で相手に親近感を持ってもらえます。ここでやりがちなのが、すべて同じようにペーシングすることです。例えば、取引先の社長が足を組んでいたからといって、営業マンも同様に足を組んだら、その社長は「ずいぶん偉そうな営業マンだ」と感じるかもしれません。この場合は、お客様が足を組んでいたら、自分は組んだ手を机の上に置くなど、〝組んでいる〟という共通点があればいいのです。そうすれば失礼にはなりません。

相手を100%マネすると気持ちが悪いのです。ペーシングの基本は60～70%相手をマネることです。相手が「この人、私のマネをしている!?」と不自然に感じてしまったらアウトです。不自然な人は嫌われます。

私もカウンセリングを学んでいた頃、私が髪をかきあげたら、ペアの人が同じようにかきあげたことがあります。100%マネされることが「わざとらしくて、不自然……」と身をもって体験した瞬間でした。

すべての心理学は半完成品です。理論・手法はありますが、日常やビジネスで使うためには、自分でカスタマイズして完成品にする必要があります。100%マネるのは応用が利いていません。それは教科書通りでうまくいかないのです。

人気映画の『ミッション：インポッシブル』では、絶体絶命のピンチを主人公が切り抜けたとき、仲間が「危機的状態で、なぜあの方法がうまくいくって考えたんだ？」と質問すると、主人公は「考えてない。アドリブだ！」と答えます。特殊捜査員の主人公は、危機的状況を打破するためにさまざまな訓練を受けています。しかし、訓練通り100%同じことをするだけでは、実際の危険は打ち破ることはできないのです。アドリブとは応用です。そして、アドリブは、考えるというより直感ですることです。

ブルース・リーも「考えるな、感じろ！」と言いました。これは、心理学では「意識ではなく、無意識を使え」と言っているのと同じです。

理論100%の意識で考えたことだけでなく、無意識に感じた直感も入れながらコミュニケーションを取っていくことが大切です。それが無意識を味方にすることです。無意識を味方にする人が好かれるのです。

60〜70%だけ相手をマネる！

16 服装で味方を作る

自分を魅力的に見せる装いはいろいろありますが、集団や組織に受け入れてもらおうと思うなら、服装もペーシングが必要です。

ＩＴ企業を急成長させた２人の社長の明暗を分けたものの１つに服装があると、私は思っています。

Ｈさんはどんなときも黒いＴシャツのラフなスタイルを貫いていました。Ｈさんは頭が良く、ユニークな発想をされる方ですが、決して人に合わせる方ではありません。自分のスタイルを貫くという考え方が、服装にも現れているのです。だから才能はあるけど敵が多いのです。

一方、Ｍさんは相手や場に合わせて柔軟に対応されます。それは服装にはじまり、話し方にまで至ります。だから不用意に敵を作りません。〝無敵である〟ことは強いことではなく、無駄に敵を作らないことです。

ビジュアル系の音楽の好きなある経営者は、服装もビジュアル系ミュージシャンのようなので、経営者が集まる会で「ホストっぽい」「靴がいつも尖《とが》っている」と初対面では警戒されると悩んでいます。年配の経営者がベーシックなスーツを着ている集まりに、服装がペーシングできていないのが原因です。

自分の仲間を作りたいのか、自分のスタイルを貫きたいのか、何を優先させるかで服装の選択も変わります。

資金繰りで困っている女性税理士のＡさんは自社のＨＰに「成功する経営者を支援する税理士です！」と謳っています。でもその脇の自分の写真がノーカラーのスーツにフリフリのブラウスなのです。男性は襟つきのテーラードのスーツしか着ません。つまり、ノーカラーのスーツもフリルのブラウスも女性らしい服装です。戦わない優しい雰囲気なのです。女性顧客の支援をするなら女性ウケするこの服装は正解です。

でも男性経営者を支援するなら、ビジネスで戦って勝ち抜く力強さが服装にも必要です。この場合、男性が着るようなテーラードのスーツでシャツが戦略的な服装です。人から好かれる、受け入れられる人は服装のペーシングが上手なのです。

相手の服装や雰囲気にペーシングする！

17 はじめはペーシング、次にリーディング

信頼関係を構築するためにはペーシングが必要です。さらに、リーダーにはリーディングが必要です。心理学ではペース&リードと言います。ペーシングは合わせること、リーディングは導くことです。

私が福祉系のカウンセラーをしていたとき、受付担当者が相談者に対してニコニコしながら応対したところ、「あの人は、私を馬鹿にしている」とクレームが入ったことがあります。笑顔で接するのは通常の場合良い対応ですが、悩みを抱えて暗い顔で来ている相談者に対してはディスペーシングになったのです。

カウンセリングの場合も、**相手が元気なく下向きがちにボソボソ話しだしたら、カウンセラーも合わせてボソボソ話します。**しばらくして、クライアントが心を開いてきたタイミングで、カウンセラーは姿勢を良くして、話し方も少しずつ明るくしていきます。するとクライアントもカウンセラーにリーディングされて、良い姿勢、明るい声になっていきます。

上司が落ち込んでいる部下の相談に乗るときも同じです。**いきなり「ま、そんなことで**

悩まずに、元気出せ！　飲みに行こう！」はディスペーシングです。まずは、部下に合わせて、「どうした？　何かあった？」と落ち込んでいる雰囲気に合わせて聞くことが大切です。ペーシングが先、リーディングはあと、これがペース＆リードの基本です。

ある養護教諭は、友人と喧嘩をして怒りながら保健室に入ってきた生徒に対して、冷静に話すべきだと思っていました。だから、ゆっくりと落ち着いて「どうしたの？」と話を聞いていました。しかし、いつも生徒から「先生は私の気持ちを、全然わかってくれない！」と言われていました。これはディスペーシングです。まずは、怒りにまかせて勢いよく入ってきた生徒にペーシングが必要です。

「どうしたの！」とまず、勢いを生徒に合わせ、その後だんだん落ち着いて話すようにリーディングすると、生徒が「先生、やっと私の気持ちをわかってくれた」と言ってくれたそうです。

いつも、ペーシングが先、リーディングがあとでないとうまくいかないのです。

まずは相手の心に寄り添う！

第2章

話し方編

18 自分の報告は相手への質問とセットで

人は自分に強い興味関心があります。地球の裏側で貧困で困っている人達がいても、自分の虫歯がひどく痛んだら、虫歯のほうが気になってしまうのが人間です。

ペットとして犬が愛されているのは、飼い主に対する強い関心があるからです。飼い主が帰宅しただけで、狂喜乱舞するほど喜んでくれるのですから。だから、人間関係では自分ではなく、いかに相手に関心を向けるかが重要です。

つき合いが長続きしない人のLINEのメッセージは、自分の報告のみで終わっています。「今日は公園に来ています」「今、ハンバーグ食べています」という感じです。

例えば、「今日は天気が良いけど、何してる？　僕は公園に来てます」「この店のハンバーグ美味しいから、今度一緒に食べに行こうね！」などと相手のことが入っていればいいのです。

ある男性は、彼女が引っ越したばかりでしたが、「今日は○○でキャンプに来てます」など自分の報告ばかりで、一度も「引っ越し落ち着いた？」「部屋は片づいた？」と相手を思いやることがありませんでした。

彼に悪気はなく、会話やコミュニケーションが苦手で、とりあえず頑張って自分の報告をしたのです。

でも、彼女からすると引っ越しで大変なこちらを気遣う言葉がないのは、私に関心がないのでは？　と恋愛感情が冷めていく原因になりました。

人は自分に強い関心があるのです。だから、**自分を気遣ってくれるようなメッセージをくれる人に好感を抱きます。**心の矢印が相手に向かっている人のほうが、影響力が大きいのです。

好かれる人は、「興味があると言っていた、〇〇の勉強会が今週末にあるよ！」と相手の関心がある情報をわざわざ送ってきてくれます。体調を崩したときも、「体調はどう？」と相手に関心を寄せます。

デール・カーネギーも**「友を得るには、相手の関心を引こうとするより、相手に純粋な関心を寄せることだ」**と言っています。

自分の報告で終わる人は、自分にしか興味関心がない人だと思われてしまうのです。

相手を気遣うメッセージを送る！

19 相手の関心事にコミットする

好かれる人、モテる人は相手の言葉をよく覚えています。

モテる人は意中の人が「私、ベーグルにはまっている」と話すと、次回のデートをベーグル専門店にしたり、ベーグルをプレゼントしたりします。そして「ベーグル好きだって、言ってたから」と良きところでリマインドするのです。

人は自分自身に強い関心を持っています。だから、自分のことを覚えていてくれると嬉しいのです。これは、**会話の中に「この前、〇〇って言っていたよね」と相手の関心事について触れるだけでも効果的**です。ビジネスでも同様です。新商品の企画を考えている相手に、参考になりそうな新聞の切り抜きや情報誌の記事をお伝えするだけでも喜ばれます。「〇〇の企画を考えていると言っていたので、参考になるかと思って」とリマインドすることで、たとえその記事が実際に役に立たなくても、自分や自分の仕事に関心を示してくれたことが好感や信頼につながるのです。

トップセールスマンの友人は、ある人が「〇〇に困っている」と話すとそれを解決する力のある人を紹介します。もちろん、相手に頼まれたわけではありません。「先日、〇〇で困っていると話されていましたが、お力になれるかもしれないＡさんをご紹介してもいいでしょうか？」とリマインドします。

彼は**いつも他人の役に立つ情報を探し、橋渡しをします。**自分にしか関心がない人は、これができません。

リマインドができるということは、日頃から相手の関心がどこにあるかを注意深く会話の中からくみ取っているということです。リマインドするためには傾聴力が不可欠です。傾聴とは心の矢印を相手に向けて話を聞くことです。カリスマ性がある人は自分本位ではないと言われるのはこのためです。

トップセールスマンの彼のリマインドに感動したお客様は、友人に彼の行動を口コミで広めます。すると、また彼の仕事が広がっていくという好循環を生み出します。

好かれる人は特別なことをしているのではなく、相手の関心事にコミットする力が強いのです。

相手の話を傾聴する！

20 自分の好みと関心事だけを話さない

好かれる人、モテる人は会話や行動から相手の好みを読み取っています。嫌われる人はそれができません。

同じマクロビオティックの料理教室に通うAさんとBさん。Aさんは友達が少なく、一方のBさんは明るくて親切で参加者からも人気があります。

AさんはBさんと友達になりたいのですがうまくいきません。もともと文句が多いAさんは「玄米はまずい、家族が食べない」「煮物でもなんでも、白砂糖が入ってないと美味しくない」と言っています。マクロビオティックは玄米菜食が主流の料理で白砂糖は使いません。相手はその料理が好きで習いに来ているのに、その料理を否定するような発言が続くと、自分が否定されているように感じてしまいます。

Aさんは自分が体調を崩したのをきっかけに、いやいや健康的な料理を習いに来ていました。つまり悪気はないのです。

AさんはBさんをお茶に誘うのですが、当然ながらなんだかんだと理由をつけて断られてしまいます。

相手が好きなら、相手の趣味や興味に関心を示していくことが大切です。自分の興味関心は横に置いておくことができないと嫌われます。

私が講師として同席して婚活イベントでリンゴ狩りに行ったときのことです。いつも男性から嫌われるCさんは「私はリンゴ嫌い。何が美味しいのかわからない」と話すのです。リンゴ狩りに参加している人は、少なからずリンゴ好き＋婚活中の人です。こんなことを言われたら参加者のテンションが下がってしまいます。当然、Cさんがそのイベントでカップルになることはありません。

２人に共通するのは、相手の好みや関心に関係なく、自分の好みや関心を話すということです。いつも心の矢印が自分に向かっているのです。心の矢印は相手に向かっていなければ、相手に影響を与えることはできません。**相手の興味関心を否定することは、相手の価値観を否定することです。**

相手の関心事や価値観を尊重する人が好かれるのです。

自分の考えと相手の考えは違う！

21 机の上でも心の距離を縮める

心理学では外側のものは内側に影響し、内側のものは外側に現れると言います。例えば、蛍光灯が切れかけて、チカチカしていると、なんだか嫌な気分になります。これは外側のものが内側に影響しているのです。ストレスがたまって、胃が荒れると肌にブツブツと吹き出物ができます。これは内側のものが外側に現れた状態です。

テーブル越しに向かい合った2人がいて、フォークセットが入った容器が横たわっているとします。実はこんなことでも、小さな障害物として物理的に2人を分断しています。**外側に障害物があって分断されると、心理的にも2人の間に距離が生まれます。**いつも、外側と内側はつながっているのです。

心理系のセミナーでは、机がなく、講師も受講生も椅子だけの状態で円になって座ることがあります。机を撤去することで、講師と受講生の間に障害物をなくし、心理的な距離を近づけるためです。円になって座るのは、隔たりなく、みんなで仲良くしてもらうためです。

会社でデスクの右隣が気が合わない人だった場合、デスクの右側に書類を高く積み上げて、無意識に距離を取る人もいます。相手を物理的にも心理的にもブロックしたいのです。**「内側＝心で思ったこと」は、必ず外側に現れます。**

メンタリストのＤａｉＧｏさんが嘘を見抜けるのは、相手の内側の動揺をほんの少しの仕草や表情から読み取るからです。人は言葉で嘘がつけても、無意識の行動は嘘をつけないのです。**相手と心理的な距離を近づけたければ、机の上の障害物を取り除くことからはじめなければいけません。**うるさすぎて、相手の声が聞こえないような音や、不快な臭いも障害物です。

好かれる人は、こうした相手と自分の間にある障害物を敏感に察知し、取り除いてから会話をはじめます。しかも、相手に悟られないように自然に行うことで、相手の無意識により深い安心感を与えます。

反対に嫌われる人は、自分が話したいことにとらわれて、外側の障害物に鈍感です。親しくなれるかどうか、信頼されるかどうかは実は話しだす前から決まっているのです。

話しだす前に、２人の間に障害物がないかチェックする！

22 言葉のフィルター機能をすり抜ける

好かれる人は聞き上手です。相づちが絶妙なのです。普通は「うん。うん」「はい。はい」だけに終始しがちです。しかしこれでは、言葉のフィルター機能をすり抜けられません。まずは、相手の言葉をオウム返しすることが重要です。

これは心理学、カウンセリングの傾聴のスキルの基本中の基本で、ラポール（信頼関係）を構築するために不可欠です。

A「先週、イタリア旅行に行ってきたんだ！」

B「へー。先週イタリア旅行に行ってきたんだね～」

と**オウム返しをすることで、相手があなたに抱く信頼感はUPします。**潜在意識は、外部から入ってくる情報に対して、「これは良い情報だから、受け入れOK」「これは悪い情報だから、受け入れない！ NO！」という選別をします。

言葉を聞くときは、フィルター機能が作動しているのです。つまり、あなたが話す発言は「受け入れOK」と相手が思わなければ、響かないのです。先ほどのオウム返しを分析してみましょう。

A「先週、イタリア旅行に行ってきたんだ！」
B「へー。イタリア旅行に行ってきたんだ〜」
A『はい。その通り。（OK）』（無意識）

とオウム返しすると相手は無意識に「うん」「はい」など「OK」としか答えようがないのです。すると相手のフィルター機能が外れて、あなたの発言は「これは良い情報だから、受け入れOK」と受け入れやすい状態を作り出すのです。

相手が「はい」としか答えようがない会話をして、心を開くことを、心理学では**「YESセット」**と言います。例えば、好きな人をデートに誘うときも、たくさんの「YES＝はい」を取り、十分にフィルターが外れたら「今度デートしましょう！」と言えば、「OK」してもらえる確率が上がります。好かれる人は会話中の「YESセット」が上手なのです。嫌われる人は雑談の中でオウム返しをせず、逆に「NO」をたくさん取ったあと、自分のお願いをするので、受け入れてもらえないのです。

オウム返しで相手の無意識に「はい」と言ってもらう！

23 コンペイトウペーシング

A「お手洗いどこですか？」

B「お手洗いに行きたいのですね？」

こんなオウム返しをしていませんか？　これは怒られるレベルです。答えが明確にあるものを教えないのはNGです。そして、会話が長くなるときも要注意です。

「実は、最近、持病の腰痛がひどくて、病院に行きたいのですが、転職したばかりで会社も休みにくくて……。同僚が忙しそうにしてるときに言いにくいなと」

このような場合、相手が一番言いたいのは、腰痛なのか？　会社を休みにくいことなのか？　どちらなのか？　主訴を読み取ることが重要です。このとき、「腰痛なのですか？」と繰り返すと、Aは腰痛について詳しく話しだします。**どの部分を繰り返すかによって、話の方向性はまったく変わります。**

もし、繰り返すポイント、主訴を摑みきれなかったとしても大丈夫です。人は話したいことは、気づいてもらえるまで何度も同じキーワードを繰り返します。

もし、休みについて話したい場合、「そうなんですよ。腰痛持ちで。だからもう少し自由に会社を休める雰囲気があると良いのですが」と会社の休みについてのキーワードが出てきます。そこをオウム返しすると、相手は自分のことを理解してくれたと心を開いてくれます。

ジェスチャーのところでもお伝えしましたが、言葉も相手を100%マネるのは気持ちが悪いのです。100%同じは金太郎飴ペーシングです。どこを切ってもまったく同じです。**60~70%程度マネるのが自然なペーシングです。**これはコンペイトウペーシングです。

コンペイトウは同じように見えて、実は1粒ずつ微妙に形が違います。主訴を意識した微妙な違いがあるコンペイトウペーシングが自然で安心感を生みます。

自然にオウム返しをする！

24

事実をそのまま伝えない

人は自分のことを理解して欲しいものです。正論では人の気持ちを動かすことはできません。あるアパレルショップでジャケットを選んでいるとき、私が「このテーラードジャケットで、色が紺じゃなくて、ベージュがあったら最高なんですけどね」と言うと、販売員は「でも、ないので」と言いました。

これは正論です。販売員にしたら真実を言っただけで、悪気はありません。でも、私がこのお店で買い物をすることはありませんでした。

心理学的にもお客様は気分が良いときに買い物をします。自分の気持ちを受け止めてもらえないと、人の気分は良くなりません。もし、その販売員が「そうですよね。ベージュのジャケットがあればよかったですね。置いてなくて申し訳ございません」と私の気持ちを受け止めてくれていたら、私はこのお店で他の商品を買ったかもしれません。

実際にベージュのジャケットがあるかどうかには関係ないのです。「ベージュのジャケットが欲しい」という気持ちを受け止めることが重要です。**正そうとするのではなく、理解することが必要です。**トラブルにならない人はこの部分が上手です。正義感の強い人はついつい人を正そうとしてしまいます。

飛行機で「すいません、中日新聞ありますか?」と聞くと、客室乗務員は「いいえ、中日新聞はございません」とは言いません。「はい。少々お待ちくださいませ」と答えてから、新聞を複数持参し、「お客様、申し訳ございません。当機には中日新聞はございませんが、読売新聞と日経新聞ならございます。いかがいたしましょうか?」と言います。まずはお客様の気持ちを受け止めるのでクレームにならないのです。

さらに、**要望に応えられないときは、代替案を用意して話すことで、よりクレームになるリスクが下がります。**学校で保護者からのクレーム対応が上手な先生は「なるほど、お気持ちわかります」とまず気持ちだけをくみます。「対処します」と言ってしまうとできないこともあります。まずは相手の気持ちをくむことで、ことを荒立てずにすむのです。

好かれる人は「そうなのですね」とまずは、相手の気持ちを受け止めます。嫌われる人はすぐに「それ、違います」と正論を言います。正論では人の心は動かないのです。

相手を正そうとする前に、まずは気持ちをくむ!

25

語尾を疑問形に

A「コピーお願いします」

B「コピーお願いしてもいいですか？」

あなたは、AとBどちらの頼まれ方なら快く引き受けますか？

多くの人はBのほうではないでしょうか？

Aは相手からの命令で、自分に選択権はありません。Bは自分に選択権があります。質問されているので、コピーを断ることもできます。

人は自分に選択権のないことは嫌いなのです。

例えば、これが身分制度時代で、王様の命令で「お前は死刑」と宣告されたら命の保証はありません。

自分に選択権がないのは危険です。だから、現代でも人は直接的に命令されると、無意識に反発を覚えるのです。

私が以前、勤めていた会社の上司も「これ、やってください！」「○○はやめてください！」と仕事の指示がすべて直接命令形で、しかも語尾が強いのです。当然、強制感が強くなります。結果、部下からの反発も強く、協力が得られず降格となりました。

好かれる人はお願いごとの語尾を「?=疑問形」で話し、嫌われる人は命令系で話します。

「コピーお願いしてもいいですか?」も間接的には相手に命令をしています。でも、選択権が自分にあるので、抵抗なく、同意しやすいのです。これは**「命令挿入」**と言い、人に影響力を与えることができる言語スキルです。

他のセラピストがさじを投げたクライアントでも治すことで有名なミルトン・エリクソンが、クライアントの潜在意識に働きかけ、抵抗なく同意を得るのに使っていた方法です。

A「コピーお願いします」↓直接命令で選択権がなく、反発を覚える

B「コピーお願いしてもいいですか?」↓間接的な命令で、同意しやすい

同じ内容でも、語尾の違いで相手に与える影響力が随分変わってしまうのです。

相手に選択する余地を与える!

26

正直になりすぎない

婚活中のAさんはオシャレな人で、婚活パーティーに行くと第一印象の良さからいつも女性とカップルになります。しかし、実際のおつき合いがはじまると、長続きしません。なぜか？ 原因は彼の正直さにあります。

持病のあるAさんが揚げ物の多い宅配弁当を食べているので、あるとき心配になった彼女は野菜を中心としたヘルシーなお弁当を差し入れました。何回か差し入れが続いたとき、彼女が「私が作った弁当は、嬉しい、普通、嫌だの3つだったらどんな感じ？」と感想を聞くと、彼の答えは「嬉しいと普通の間」でした。彼女のテンションは急降下。以後、彼のためにお弁当を作ることはありませんでした。

彼が毎回振られてしまう最大の原因はこの正直さです。彼女の質問に対して、理系の大学を卒業し、仕事でいつも数字と向き合っているAさんとしては、聞かれたことに「正直＝正確」に答えただけです。悪気はありません。

「嬉しいと普通の間」という言葉には、**自分の気持ちは入っているけど、相手の気持ちと背景が入っていない**のです。

料理はお肉やお魚を焼くほうがラクなのです。お肉を丸めてハンバーグを作るより、レンコンをすりおろして、山芋を混ぜてレンコンハンバーグを作るほうが手間がかかります。だから彼女は早起きをして手間をかけ、彼の健康を考えて、お弁当を作ったのです。この背景と彼女の気持ちをくみ取るなら、感想は、「嬉しいと普通の間」ではなく「嬉しい」になるはずです。

モテる人は想像力があります。目の前のお弁当だけでなく、作る工程や作った相手の心が想像できるから良い関係を築けるのです。自分の気持ちに正直なだけでは、優しくないのです。正直さは自分軸です。相手のことを想像できる他人軸ができると優しさが生まれます。想像力という心のエネルギーが自分でなく、相手に向いているとき、人は影響力を発揮できるのです。

想像力を働かせ相手軸から発言する！

27 会話は生もの

プレゼンや面接で失敗する人は、準備したことを、その通りに話そうとする人です。丸暗記したものを話そうとすると、一言でも飛ばすと、もう続きが出ません。頭が、真っ白になって、その場でフリーズしてしまいます。

さらに、テンプレートを読みあげるような行為では、情熱が伝わりません。人の心を動かすには、その人の熱量が高くなければならないのです。

話す内容や相手からの質問を予想することは大切です。だから十分な準備をします。でも本番はそのすべてを忘れて、その場で必要なことを直感的に伝えていくことが大切です。

ＮＬＰでは、その場その場で最高の状態を選択することを**「ノーナッシングステイト」**と言います。今ここで最高のものを生み出すゾーンに入った状態になるのです。

プロテニスプレーヤーも本番の試合で最高のパフォーマンスを発揮するために、普段は厳しいトレーニングをし、本番はただ無心で試合に集中します。だから、どう跳ねるかわからない速いボールでも瞬時に反応できるのです。これがゾーンに入るということです。

プレゼンや面接でも同じです。相手からどんな質問がくるのか？　すべてを把握することは不可能です。事前準備はしておいて、**本番はその瞬間に集中して、臨機応変に話す言葉がひらめくようにしておく**ことが肝心です。

直感は生ものです。例えば、お寿司屋さんでお寿司を握ってもらったら、手に取ってすぐに口に入れます。握りたてが美味しいのです。お寿司を自分の手の上で、いつまでもいじくりまわしていては、ドロドロになって食べられたものではありません。直感も同じです。自分の中に湧き上がってきたら、すぐに言葉にして投げかけないと相手に伝わりません。ああ言うべきか？　このほうがいいのでは？　とゴチャゴチャ考えていたら、タイミングを外し、結局は回りくどい言い方になります。

会話は生ものです。理詰めで考えて、一拍でも言葉が遅れると、鮮度が落ちて伝わりません。直感を言葉にできる人が好かれるのです。

直感で言葉にする！

28
会話の本質を摑む

会話のうまい人は何をすべきかわかっています。

会話で大切なのは2つです。

① 相手が言いたいことを摑む

② 相手の気分が良くなる質問をする

この2つができればうまくいきます。

人は自分を理解して欲しいのです。その人の意見に賛成できなくても「あなたはそう思うのですね」と共感的に聞くことは、ラポール（信頼関係）を築くための基本です。カウンセリングでもよく使われます。

能力は心の状態に比例するので、相手が自分の問題を解決するためにも、相手から高いパフォーマンスを引き出すためにも、相手の気分は良いほうがいいのです。

質問は気分を左右します。

例えば「人生で、一番嬉しかったことはなんですか？」と質問すると、相手を嬉しい気分にワープさせます。反対に「人生で最悪の出来事は？」と質問すれば、相手を一気に嫌な気分にワープさせます。心理学で**「質問の質が人生の質になる」**と言われるのはこのためです。

人にかける言葉も、自分で自分に質問するセルフトークも、ネガティブな質問をすれば嫌な気分と低いパフォーマンスを引き出し、ポジティブな質問をすれば良い気分と良いパフォーマンスを引き出します。

上司が部下のやる気を引き出すために、コーチングの質問集を買うことがあります。しかし、これだけでは応用が利かないのです。どんな質問をするかは手段にすぎません。本質的に大切なのは「相手の気分が良くなる質問をする」ことです。それがわかれば、質問は自分で生み出せます。

人は自分を理解し、会うと気分が良くなる人に惹かれます。だからこの会話の本質を掴み、相手が喜ぶ質問をするのです。

「相手の言いたいこと」と「どうすれば気分が良くなるか？」を考える！

29 未来に向けた質問をする

「なぜミスが起きたのか？」。原因追求は、ものづくりには不可欠です。でも人間関係にそれを持ち込むとうまくいきません。

あるイタリアの工場では、作業員が安全のためのゴーグルをしないことが問題でした。最初「なぜ、ゴーグルをしないのか？」と原因を追求する質問をしているうちは、「ゴーグルをしない奴が悪い」「職人にいちいち口を出す上層部が悪い」と、犯人探しになりトラブルに発展しました。

そこで「どうしたら作業員がゴーグルをするのか？」と**解決型の質問**をすると「かっこいいゴーグルを作ったら作業員が装着するのではないか」という意見があがりました。試しに一部の部署でおしゃれなゴーグルを装着して作業をしてもらうと、他部署からも「俺達にもあのゴーグルをよこせ！」となって結局、全員着用したのです。ゴーグルを着用しない原因は一切追求せず、解決だけに目を向けて問題を解決した事例です。

このように解決に目を向けて問題を解決していく手法は、**「ソリューション・フォーカスト・アプローチ**（解決志向短期療法）**」**と呼ばれる心理療法です。

例えば部下に「なぜ、遅刻をしたんだ！」と過去型問題志向の質問をすると遅刻をした言い訳しか出てきません。変えられない過去について詰問されると、自分の身を守るために言い訳しか出てこないのです。

では、「どうしたら、今度から遅刻せず、定刻に来られる？」と未来型解決志向の質問をするとどうでしょうか？ 部下は遅刻をしない方法を探しはじめます。未来は何の制限もなく自由に方法を考えることができるからです。

詰問されると人は自分が傷つかないように心を閉じます。心を閉じた相手に何を言っても届きません。さらに過去にできなかった場面や理由が次々と浮かびます。すると、自分はまたきっとできないだろうという不可能感が高まり、やる気が失せます。人は自分の気分を悪くする人を好きになりません。

「なぜ？」ではなく「どうしたらいい？」と質問することで、相手は「自分にもできるかも！」という可能感や、やる気を高められます。このような言葉選びをできる人が好かれるのです。

「なぜ？」ではなく「どうしたらいい？」と質問する！

30 自分ごとのように話す

私はよく怒っている相手に対し、「そうですよね。きっと私があなただったら同じように怒ったことでしょう。気がつかず申し訳ございません」と言います。すると大抵の場合は「いえ、怒っているわけではありません。私も事前にアナウンスしておくべきところをできてなくて申し訳ありません」と、こちらの立場に立ってくれます。

これは、**相手の立場に立って話すことで、相手も自然と客観的な視点で話すようになるからです。**

心理学では他者が思わず心を開いてしまう人を**「オープナー」**と呼びます。「オープナー」になる方法の1つは、相手の立場になって感情移入することだと言われています。また**親身になって相手に自分の立場に立って欲しいときは、相手がイメージしやすい質問をする**ことも重要です。

私は以前、癌を患ったのですが、手術をするときにさまざまな術式や治療法があり、かなり迷ってしまいました。そのとき、知人の外科医に相談すると主治医に次のように聞いてくださいとアドバイスを受けました。

「もし、先生のご家族が私と同じ病気だったら、どんな治療法を勧めますか？」

がんセンターの医師にその質問をすると、「明日、そこの手術室で俺が手術する！」とおっしゃいました。そのとき、はじめて私は一日でも早く手術したほうがいいということがわかったのです。

頭では癌は進行する病だとわかっていても、できるなら手術はしたくない、切らずに治す方法はないかと心の隅で願ってしまったのです。でも、担当医が自分の家族ならと主観的に話してくれたからこそ、本気が伝わってきたのです。

もし、担当医から冷静に「一日でも早い手術を勧めます」と言われていたら、決断するには、もっと長い時間がかかったかもしれません。

担当医の本気の一言がなければ、私は手術する勇気が出てきませんでした。

相手の立場に立った発言をするときは情熱を持って話します。それが相手の心を動かすのです。

相手の立場に立って話すと心が動く！

31 どんなときも自分から挨拶する

挨拶は先手必勝です。先にしたほうが勝ちなのです。目も合わせず、ぼそっと挨拶すると、その日一日が台なしです。挨拶はアイコンタクトをして、明るくが基本です。自分の機嫌や体調の良い悪いにかかわらず、いつもするのが挨拶です。嫌われる人は機嫌が悪いと挨拶がブスッとしています。

自分からするのが挨拶です。**「おはようございます！」と相手に言われてから言うのは、挨拶ではなく単なる応答**です。そして、「おはようございます。今日は良い天気ですね」と続けて一言つけ加えられると会話が生まれます。

交流分析では「時間構造化」といって、人の関わりや親密さのレベルを分けています。

「閉鎖引きこもりレベル」は、誰とも話をしない状況で自分の世界に入っています。他者への関心が広がりません。

「おはようございます」「お疲れさまです」など決まったフレーズを言えばいいのが「儀式・儀礼レベル」です。フレーズさえ覚えれば、人とコミュニケーションが取れる初歩的な一歩です。

「おはようございます。今日は良い天気ですね」「おはようございます。そのネクタイ素敵ですね」と続けて一言を話すことで、「雑談気晴らしレベル」に入ります。

雑談は仕事のように目的や生産性を追求する会話ではありません。だから、何を話せばいいか迷うのです。

雑談は目的がない分、意外と柔軟で高度なコミュニケーション能力が必要です。**挨拶に続けて一言「そのネクタイ素敵ですね」と言えるだけで、その高度なコミュニケーションのレベルに突入できます。**

だから、雑談力がついてくると、最終的な人と深い関わりができる「親密・親交レベル」に入りやすいのです。

普段から自然に雑談に突入できるように、挨拶のあとに続けて一言をつけ加えることが大切です。

挨拶のあとに続けて一言つけ加える！

32 挨拶は人柄と人づき合いの縮図

挨拶は人と関わりを持つための第一歩です。

しかし、挨拶を甘く見てはいけません。挨拶の仕方を見れば、その人がどんな人物なのか、相手に対してどんな序列をつけているのかすぐにわかるからです。

新卒の採用担当者は「元気に挨拶できるだけで、学生さんの場合はかなり好印象です」と言います。そこに人柄が出るからです。大声で話す人に嘘つきはいないと言われますが、明るい笑顔で大きな声で挨拶できると、それだけで元気でコミュニケーション能力がある人に見えます。

多くの人は、友達には気楽に、お客様には丁寧に挨拶すると思います。**挨拶はあなたが相手にどんな序列をつけているのかを反映し、周りに知らしめています。**つまり、挨拶とはあなたの人柄と人づき合いの縮図なのです。

人が嫌いなわけではないけど、人づき合いが苦手という人は多いものです。何を話せばいいかわからないので、つき合いが発生しそうなところから逃げてしまうのです。例えば、人ごみで知り合いの姿が見えたら別ルートを探す、下を向いたり、携帯を見たり、相手に気づかない振りをする。お店に入っても店員さんに話しかけられないようにイヤフォンをする。たとえ音楽を聞いていなくても、イヤフォンを外さないという人までいます。これではコミュニケーションが生まれません。人を近づけないようなオーラを自分から発しています。

挨拶をしたあとに、続けて一言を伝える重要性についてはお伝えしましたが、その一言にも注意が必要です。

嫌われる人は無意識に「昨日飲みすぎて辛い……」「寝不足で、しんどい……」などとネガティブなことを言っているのです。これでは、相手のテンションまで下がります。「その服似合いますね！」「晴れて良かったですね！」など**相手や自分のテンションが上がるような一言を言うのが大切です。**

元気な挨拶のあとに前向きな一言が言える人が好かれるのです。

挨拶のあとにはポジティブな一言を伝える！

第 3 章

人づき合い編

33 ライバルの成功も祝福する

あなたは他人の成功を喜べますか？　昇進、昇給、結婚など、人生には自分の夢を周りの人が先に達成することがあります。

例えば、海外の見ず知らずの人が１０００万円の賞金に当たっても何も気にしないかもしれませんが、会社の隣の席の人が当選者なら気になる人は多いのではないでしょうか？　遠くの人より、近くの人の成功のほうが気になるのが人間です。

潜在意識の法則から言えば、人の成功を喜べないのは百害あって一利なしです。「相手の成功を喜べない＝自分はそれができない」と潜在意識レベルで感じているということです。自分の成功を喜んでくれない相手に好感を持つ人はいません。

私の友人で以前、本を出版した経営者がいます。私は彼と仲が良かったので、企画書のアイディアを出し合ったり、出版の際にアマゾンキャンペーンの音声インタビューを手伝ったりしていました。彼に出版企画の募集があるサイトを紹介したのも私でした。私も彼も出版することが夢だったので、彼の企画が通過したときに私はとても喜びました。

実を言うと私も何度か応募していたのですが、うまくいかなかったのです。彼が出版してから10年以上が経過し、私もご縁をいただき、本を出すことができました。私は当時から心理学の勉強をしていたので、人の幸せを喜ぶことで、自分もその目標を当然のように達成できると潜在意識に刷り込めることを理解していました。だからこそ、彼の成功を喜べたのかもしれません。

実は、彼の本が出ると、出版を目標にしていた知人から「内容がつまらない……」「正直、嫉妬する……」と言われたそうです。本人は随分驚いていました。彼は「俺だったら、友達が出版決まったら、素直にスゲー！って喜ぶからさ……」と理由を話してくれました。身近な人の成功ほど喜ぶのが難しいのが人間です。

相手に嫉妬するということは、潜在意識レベルで相手に完全に敗北している、勝てないと深い部分で感じていることに他なりません。だから相手が成功したら、**我がことのように喜ぶことが相手のためでもあり、自分を成功に近づけるのです。**

ライバルの成功でさえ祝福できる人が好かれるのです。

相手の成功を喜ぶことで自分の成功に近づく！

34 相手の幸・不幸に影響されない

幸せと不幸の分量が相手と自分で差し引きされると感じている人は、人間関係がうまくいきません。

例えば、相手と自分がお互いに、100ポイントずつ幸せポイントを持っているとします。相手が少し幸せになると、自分から50ポイント引かれて、それが相手に移行し、相手は150ポイント、自分は50ポイントになると思っている人がいます。これでは人の成功や幸せは喜べません。でも実際は違います。自分は100ポイントのまま、相手が150ポイントになっただけです。ポイントカードの仕組みと同じです。相手のポイントカードに自分のポイントが勝手に移行されることはありません。

相手が幸せになったからといって、自分の幸せの分量が減ったり、増えたりすることはないのです。

ある女性は、友人が失恋したり失業したりして不幸のときはとても親身に相談に乗り、励まして親切にできます。しかし、相手が良い仕事に就いたり、恋人ができたりすると「その仕事はキツイよね……」「あなたにはあの彼は合わないいんじゃない？」など相手のテンションが下がるようなことを言います。相手が不幸なとき、自分が優位に立てると感じているからです。

これは、相手が不幸なときは相手の幸せポイントを自分が獲得でき、相手が幸せなときは減点されるという考え方です。人生にはアップダウンがあります。**誰かと長くつき合うなら、辛い時期も良い時期も共に過ごせる力が必要です。**

ある男性は、ニュースで「株価が上がりました」と話を聞くと「こういう風に、誰かが得をするってことは、誰かが損しているってことだ」と呟《つぶや》きます。この人も幸せと不幸の分量が相手と自分で折半されると思っています。この考え方を持っていると、相手の幸不幸が自分の幸不幸に影響を与えます。すると、被害者意識を持ちやすく、ひがみっぽくなります。彼も職場でトラブルの絶えない人でした。

好かれる人は共感力が高い人です。それは相手の嬉しい気持ちにも、辛い気持ちにも共感できる人です。そして、相手の幸不幸が自分の幸不幸に影響しないと知っています。

ひがまずに共感する！

35 席を立つときに相手の忘れ物がないか確認する

私の友人は保険業界では有名な世界基準をクリアしたトップセールスマンの証であるMDRTを10年連続でクリアし、永久会員になりました。

彼と会うと思うのですが、気遣いのできる人は、心の矢印（心のエネルギー）が、常に自分より周り（外側）に向いています。

例えばカフェに入ると「藤本ちゃん、後ろの2人はたぶん僕と同業だよ。保険の説明している」と席に着く前から周りの様子をよく見ています。

メニューを選ぶときも、彼は私に「コーヒーじゃなくて、紅茶がいい？　この前も紅茶飲んでいたよね」と、ちゃんと前回私が注文したものを覚えているのです。

帰り際、うっかり者の私が席にコートを忘れていると、彼はすぐ気がついて「コート忘れてない？」と声をかけてくれました。

席を立つとき、自分の忘れ物がないか確認する人はいますが、相手の忘れ物まで確認できる人はなかなかいません。彼はこのように**プライベートでも心の矢印を外に向けているからこそ、ビジネスでも成功できるのです。**

例えば、お客様のご自宅を訪問したときに心の矢印が外を向いているからこそ、リビングに置いてある写真やトロフィー、フィギュアなどに意識が向き、話題にできるのです。**人の目につくところに飾ってあるものは、持ち主が関心のあるものです。**そこから会話が弾み、商談がうまくいくことも多いのです。なぜなら、人は気分が良いときに買い物をするからです。

でも、自分だけに関心が向き、「今日の商談はうまくいくかな？」「次のアポまでに早く話を切り上げよう」と考えていては相手を喜ばす瞬間を逃します。

好かれる人はいつも自分より相手に関心を向けています。自分にしか関心がない人は、人に影響を与えることができません。相手に心の矢印を向けたとき、はじめてあなたに影響力が出てくるのです。

心の矢印を外に向ける！

36 程よい隙を作れ

私の知り合いのマナー講師は「印象が悪くて、嫌われます……」と悩んでいます。彼女はスラリとした美人。夜会巻きの髪型、アイロンがかかったシャツにベーシックなスーツを着こなし、敬語も完璧。会話中に物を指し示すときも、しっかりと指先まで揃っています。姿勢も良く、キチンとした彼女は待ち合わせでも、すぐに見つけられます。

しかし、姿勢を正して、早足でテキパキと買い物をしていただけなのに、彼女を見つけた親戚からは「お前は、相変わらず声をかけにくい……」と言われてしまいました。

いったい何がいけないのでしょうか？　彼女に悪気はありません。むしろ、人から好感を持たれるようにと常に努力しマナー面は完璧です。

実は、**完璧というのはとても威圧的で、近寄りがたい**のです。

例えば、ドッグトレーナーの元で訓練し、言いつけを守るしつけられた犬と、「待て！」と言ってもヨダレを垂らし、飼い主の隙を見て、オヤツをかじってしまう犬ではどちらが可愛いでしょうか？

飼い主から溺愛される犬は、完璧でなく、少し足りない犬です。子供の舌ったらずが可愛いのは足りないからです。「足りない＝隙」です。

完璧すぎると人は共感も好感も持てないのです。心理学では**「しくじり効果」**と呼ばれ、テキサス大学の心理学者エリオット・アロンソンの行った実験が有名です。難問のクイズに次々答えていく2人のテープを被験者に聞いてもらうのですが、1人は最後にコーヒーをこぼしてしまいます。被験者にどちらのほうに好感を持ったか調査すると、コーヒーをこぼしたほうに好感を持った人が多いという結果でした。完璧そうな人ほど、隙を見せたほうが他者からは親近感が湧くということです。

友人の優秀なホテルマンはおしゃれで手入れの行き届いたスーツ、キビキビとした動き、ホスピタリティに溢れた気遣いの持ち主で、企業からの講演依頼が絶えない方です。そんな彼は私に「藤本ちゃん、俺、〇〇なんだわ～」といつも名古屋弁で面白い失敗談を話してくれます。

好かれる人は相手に自分の完璧な姿ではなく、弱い部分も見せます。程よい隙を作ることができるから人から愛されるのです。

足りなさ、弱さをちょっと見せる！

37 人によって態度を変えない

女性から嫌われる男性は、店員に横柄な態度の人が多いです。彼女には優しく話をしても、店員に「注文したのに、まだ出てこない！何やってるんだ！」と横柄に話してはすべて台なしです。

脳には人称がありません。「私、あなた、彼、彼女」などの人称がないのです。だから、男性は店員を怒鳴っただけのつもりが、彼女にも同時に「お前、何やっているんだ！」と言っているのです。

彼の実家に遊びに行ったときに、彼が母親に横柄な態度を取っていて冷めたという女性もいます。「母親への彼の態度＝妻になったときの彼の態度」と重なるからです。

経営コンサルタントのＡさんは、たくさんの著書を持ち、全国で勉強会を開催しています。参加している経営者達の売り上げや規模で態度を変えることはありません。だからどの勉強会もいつも新規入会者が絶えず、本も売れ続けています。

人によって態度を変えないことで、どんな人にも良い印象が伝わるからです。脳には人称がないのです。

さらに、**自分より立場の弱い人に強く出る人は、本当は自信がない人**です。相手を貶《おとし》めることで、自分を偉く見せたいのです。

オフィスでも社長には礼儀正しく挨拶しても、清掃員には挨拶さえしない人もいます。学生でも就活など自分にメリットのある人にだけ丁寧に挨拶して、そうでない人は無視する人もいます。

そういう人の人生は長期的に見るとうまくいきません。運の観点から見ても徳を積めていません。さらに「自分の利益になる人だけに態度の良い人が、出世してもろくなことにならない」と自分や他者の潜在意識が働くので、高い地位や良い職場に導かれることはないのです。人の上に立つ器ではない、良い地位についてもつけあがるだけの小さな器で、世のため人のためにならないと他人にも自分にも感じさせます。その立場にふさわしい心の広さがあれば、出世を自分でも引き寄せますが、そうでなければまだその準備ができていないと自分の潜在意識も感じます。

誰にでも平等に接する人が好かれるのです。

誰にでも平等に接する！

38 蓮の花のように生きる

蓮の花が美しいのは、泥の中でもきれいな花を咲かせるからです。蓮の花は泥水が濃ければ濃いほど、大輪の花を咲かせます。真水では小さな花しか咲かないのです。蓮の花は、仏教では辛いことばかりの世の中で汚れることがない心、悟りの象徴とされています。

好かれる人は蓮の花に似ています。**どんな過酷な環境に身を置いても、周りに染まることなくきれいな心を持ち続けることができる**からです。

ある職場では、朝、挨拶しても誰も目が合わず、みんな黙々とパソコンに向かっています。その中でAさんはいつも明るく挨拶し、人にも親切に接しています。しかし、そのAさんを職場の先輩は誰もいないところに呼び出して、ネチネチと嫌味を言っていました。

Aさんは金曜日の夜から「月曜日に職場に行くのが憂鬱《ゆううつ》」と思うこともしばしばでした。でも明るさを失わず笑顔が素敵なのです。

その職場はあまり新人を育てる環境ではありませんでした。しかしAさんは、困っていそうな人を見つければ、手を差し伸べ、困りそうなことは事前に親切に教えてあげるのです。

普通は挨拶もろくにしない暗い職場にいると自分の表情も暗くなり、不親切な人の集まりの中にいると自分も不親切に振る舞いがちです。周りに染まらず、清らかな気持ちを保つことはまさに修行です。

白隠禅師の話はご存じでしょうか。

ある庄屋の娘が子供を産みました。父親が問い詰めると、子の父は白隠禅師だと娘は言うのです。父親は烈火のごとく怒り、寺に赤ん坊を置き去りにしました。白隠禅師は村人から非難され、弟子は去り、寺は寂れていきました。しかし、一言も発せず、白隠禅師は貰い乳をしながら赤ん坊を育てたのです。しばらくして、娘が実はあれは嘘で赤ん坊は番頭との間にできた子だと父親に告白しました。父親が詫びに行くと、白隠禅師は「この子にも父がいた。仏のご加護じゃ」と言ってまた淡々と修行を続けたのです。

濡れ衣を着せられ、非難されても弁解もせず、平常心を保つことは容易ではありません。だから白隠禅師の話は長く人々に語り継がれたのです。環境が悪くても腐らない人が好かれるのです。

過酷な環境でも腐らない！

39

周りの人は自分を映し出す鏡

潜在意識は自分にふさわしいものを引き寄せます。

あなたは自分の年収や人間関係に満足していますか？「年収が少ない」とか「こんな人間関係は嫌だ」などと思っているかもしれません。しかし、潜在意識の法則では実は、今の年収も人間関係もあなたにぴったりのものなのです。

例えば、「周りはロクでもない連中ばかりだ」と思っている人は、自分がロクでもない奴だと言っているのです。

質問です。花の周りには何が集まりますか？糞の周りには何が集まるでしょう？花の周りには蝶が集まり、糞の周りにはハエが集まります。つまり、自分の発しているものと同質のものが集まってくるのです。

これは人間関係も同じです。意地悪で、陰口ばかり言っている人は同じような仲間が集まってきます。反対に優しくて前向きな人には同じようなタイプが集まってくるものです。だから、**人間関係を変えたいと思ったとき、自分の内側を変える必要があります。**異質なものは同じ場所に留まることはできないのです。

先ほどの蓮の花のようなAさんをいじめていた先輩は、あるとき自分から退職しました。Aさんが自分にひどいことをする相手に何か手を打ったわけではありません。自分の心を清らかに、穏やかに保っただけです。意地悪で批判的な人と穏やかで優しい人は、長く同じフィールドにいることはできません。潜在意識はいつでも同質の人間関係を引き寄せるのです。

そして、**「自分は人から嫌われるタイプだ」「あまり魅力的じゃない」と思っていると、そんな自分のセルフイメージにぴったりの人間関係しか引き寄せられません。**

よくダメな男性ばかりに心惹かれる人がいます。実は自分には価値がないと思っていると、ダメそうな人を助けてあげることで、自分の存在価値を見出してしまうのです。それは共依存の関係を生みます。

自分を嫌いながら誰かを愛することはできないのです。自分を大切にし、自分の心を清らかに保つことで、それにふさわしい人間関係を引き寄せます。あなたの人間関係を決めているのは、外側ではなく、実は自分の心の中なのです。

セルフイメージと同じ人間関係を引き寄せる!

40 裏は表に現れる

裏表のある人は、裏でやったことはバレないと思っています。これは潜在意識の法則から言えば、浅はかです。裏でやったことは表に筒抜けです。

ある職場のAさんは誰も見ていないところで、後輩いびりをします。後輩が何か話しかけても「別に……」と目も合わせません。しかし、上司がいる前では笑顔で後輩にも「お疲れさまです！」と挨拶します。意地悪なところを隠すためです。しかし、**表面を取り繕っても、どこからか漏れ出してしまう**のです。全体は部分に必ず現れます。Aさんの意地悪も顔つきにも現れ、行為も職場の人達にも伝わっています。

瓶の中にミントのアロマオイルが入っていると、蓋《ふた》を閉めても良い香りがします。同様にゴミ箱の蓋を閉めても、中のゴミが悪臭を放っているとそれは臭ってきます。人の心も香りと同じです。

「あなたの存在が声高々に語るので、あなたの声が聞こえなかった」という言葉があります。これはやり方（Do）よりも、あり方（Be）のほうが、影響力があるという意味です。

インドの独立運動の父、ガンジーのところに、ある母親が息子を連れて訪ねてきて「息子が糖尿病なのに砂糖を食べるので、息子にやめるように言ってください」とお願いしました。するとカンジーは「では、2週間後に来てください」と言いました。2週間後に再び訪れると、ガンジーは砂糖をやめるよう注意しました。息子は尊敬するガンジーの一言で砂糖をやめる決心をします。

母親は「ガンジー様、どうして息子に2週間前にそう言ってくれなかったのですか？私達はここまで来るのに3日かかるのです」と言いました。するとガンジーは「2週間前、私は砂糖を毎日食べていた。だからこの2週間砂糖断ちをしていたのです」と答えました。

ガンジーの言葉に「世界にそれを望むなら、自らがその変化となれ」という言葉があります。**相手に影響を与えたければ、まず自分がその模範となりなさい**という意味です。「砂糖をやめなさい」と言うとき、ガンジーが砂糖を食べているかどうかは糖尿病の息子は知りません。でも本当に影響を与えるなら、口先だけでなく、実際に自分も砂糖をやめていなければなりません。

やり方（Do）より、あり方（Be）のほうが影響力があるからです。あり方は生き方です。

やり方よりもあり方が相手に影響力を与える！

41 お返しに敏感になる

「貸したお金は覚えているが、借りたお金は忘れる」なんて言葉がありますが、自分が考えたり、骨折りをしたものを、人はよく覚えているものです。

頂き物の多いホテルマンのAさんは、食べ物をもらったときは必ずお礼と味の感想を伝えるようにしています。もらったほうは忘れても、送ったほうは美味しかったのか、まずかったのか気になるものです。

トップセールスマンの友人も、**どんなに忙しくてもプレゼントのお礼とお返しは忘れません。**みんなが、その人の忙しさを知っています。だからこそ、お礼とお返しを忘れないことで、「あの人は義理堅い」とさらに株が上がるのです。

プレゼントやお礼状は仕事で地位が上がったり、プライベートでも自分の影響力が大きくなればなるほど増えるものです。たくさんもらうようになると、1つ1つに対する記憶も薄れ、お礼を忘れがちです。だからこそ、忘れないことが重要です。

ビートたけしさんが以前、「弟子が入れるんじゃなくて、俺がお茶を入れるからお客が喜んでくれる。たけしが入れてくれたって」と話されたことがありました。

立場が上がれば上がるほど、あなたが行う行為にありがたみが出てくるものです。

経営の神様と言われる松下幸之助さんにはこんな逸話があります。新幹線で自分のファンだと言う人からみかんをもらった松下さんは「ありがとうございます」とお礼を言い、その場で食べました。降車時には、その方の座席まで行き、「先ほどは美味しいみかんをありがとうございました」と頭を下げました。さらに駅のホームに降りてからも、その方が見える窓まで来て深々と頭を下げ、見えなくなるまで見送ったのです。その方は、「あの天下の松下幸之助さんが！」と感動し、家にある電化製品をすべてパナソニック（当時はナショナル）に買い替えたと言います。

「実るほどこうべを垂れる稲穂かな」という言葉があるように、立派な人ほど、いつも謙虚な姿勢を忘れないものです。たとえ、みかん1つでも、頂き物をもらった相手への気遣いを忘れない方が好かれるのです。

頂き物をもらったらすぐお礼をする！

42 忙しくても手を差し伸べる

〝仕事は忙しい人に頼め〟と言われます。これは忙しくしている人のほうが仕事を素早くやってくれるという意味です。

人づき合いでも、同じことが言えます。**相手が困難に見舞われているときにさっとフォローできる人は時間がある人ではありません。心優しい人です。**

いつも朝から晩までお客様とのアポイントが入っていて、忙しく働くNさん。奥さんからは「うちは母子家庭だから」と言われるほど家にいません。そんな忙しい彼ですが、友人やお客様からの相談メールや電話が入ると、必ずクイックレスポンスをします。忙しくても、必ずその日中に電話をして相談に乗ったり、海外出張で電話できないときは、その旨をメールで伝え、帰国後に連絡するほどです。

忙しくても、ここぞという瞬間を見逃しません。相手が困っているときに必ず手厚いフォローをするのです。だから友人からも顧客からも人気があります。

しかし、嫌われる人は自分が忙しい、自分にとっては大したことはないと、ここぞという瞬間を見逃してしまいます。

困っているときに差し伸べられた手は、感情的なインパクトが強いのです。心理学的にも記憶に残るのは繰り返しとインパクトだと言われています。

例えば英語の勉強は、繰り返しスペルを書いたり、発音を聞いたりして覚えます。これは繰り返すことで長期的な記憶・忘れない強い記憶を作り出しています。一方、繰り返さなくても、交通事故に遭ったり、スポーツ大会で優勝したりした出来事は感情的なインパクトが強いので忘れません。

相手がピンチのとき、困っているときは、強い感情に飲み込まれています。そこに救いの手が入るとその人を恩人として忘れることはできないのです。好かれる人はそれができるのです。

忙しいか暇かは関係ありません。「ここぞという瞬間」を見逃すと、あとからはなんともできないのです。その瞬間にフォローするから意味があるのです。手を差し伸べるのはタイミングが命なのです。

ここぞというときは何を差し置いても助ける！

43 人間関係にコスパを持ち込まない

質問です。あなたの口座に、1日8万6400円振り込まれるとします。貯金をすることや、明日に持ち越すことはできません。それなら何に使いますか？

実はこれ、1秒を1円として24時間をお金で表したものです。

時間を無駄にせず、有効に使いましょうというときによく使われるたとえ話です。

忙しいビジネスパーソンにとって、無駄を省いて効率的に仕事をすることは重要です。仕事では、かけた費用がいかに効果的に作用しているかというコスパを考えることも不可欠。しかし、これを至るところに持ち込むと人生がうまくいきません。

私が専門学校で心理学の授業を教えていたとき、生徒から「先生、これテストに出るの？出ないなら覚えても意味ないよね」と言われたことがあります。生徒は勉強すること（労力）が、テストで良い点を取ること（効果）につながるのなら学ぶけれど、そうでなければやらない、と勉強にコスパを持ち込んだのです。

老子の言葉に**「無用の用」**という言葉があります。一見、役に立たないと思われるものが、実は大きな役割を果たしているという考え方です。心理学はテストには出なくても、良い人間関係を築くのに役に立つかもしれません。勉強をコスパで考えることで、実は自分が学んで成長する機会を失っているのです。

時間管理を徹底している人の中には、基本的に電話には出ない、貴重な時間を突然の電話で奪われたくない、要件はまずメールで知らせるべきとしている方もいます。この方法はたしかに自分の時間を守る点では有効です。しかし、「あの人に会っても仕事につながらないから意味がない」と**人間関係にまでコスパを持ち込むと、結局チャンスも逃す**ことになります。

人間関係や自分自身の成長には時間が必要です。すぐに結果が出る（コスパが良い）ことばかりではないのです。好かれる人はそれがわかっているので、自分の得にはならないからつき合わないなどと早急に決めることはしません。まずは知り合いになることからはじめて、人間関係が熟すのを待てるのです。

損得勘定で人間関係を作ろうとしない！

44 相手の選択肢をコントロール

巧みな交渉術を持つ人は**「エリクソニアン・ダブルバインド**（誤前提暗示）**」**を使っています。これは、セールスでも恋愛でも同じです。

例えば意中の相手をデートに誘うとき「今度の休み、ランチに行くならイタリアンか、中華か、どちらが良い？」と言うと、自然と相手は「う〜ん。じゃぁ、イタリアンかな」となりやすいものです。この話し方はデートに行くか行かないかではなく、デートに行くことが前提です。その上で、中華なのかイタリアンかという選択にすり替わっているのです。このように、**たくさんあるはずの選択肢を限定して質問することで、こちらの意図している答えを導く**のが「エリクソニアン・ダブルバインド」です。

私がデザイナーとして勤めていた会社は、夜の12時までサービス残業は当たり前、社長室からはいつも怒鳴り声が聞こえ、退職者が絶えませんでした。私もストレスで朝起きたら前歯が欠けていたほどです。その会社は退社するときにボーナスは支払われないのが常でした。

そこで、当時、心理学を習いはじめたばかりの私は、エリクソニアン・ダブルバインドを使ってみました。退職願を提出すると、やはり社長はボーナスは義務ではないので払わないと主張しました。私は「労働基準法では、残業代の支払いが必要ですが未払いです。ボーナスか未払いの残業代のどちらかをお願いできませんか？」と交渉すると、ボーナスを支払ったほうが得だと判断され、支払われました。

お金を払うか、払わないかではなく、払うことを前提の選択にすり替えたのです。同僚からは「あの社長からボーナス払わせるなんてスゴイ！」と驚かれました。

選択肢をコントロールして伝えることで、無駄に交渉相手と揉めることがなくなります。好かれる人は仕事を頼むときも「データ収集かコピー、どちらかお願いできますか？」と質問します。**依頼されたほうも一方的に言われるより、自分で選択したと感じるため、心理的負担が軽減されます。**

欲しい結果を手に入れ、無駄な争いを避け、相手にも自分にも負担をかけない交渉術が身を助けるのです。

ＹＥＳを前提にして、質問を考える！

45 頭ではなくハートに訴える

ロジカルシンキングは大切ですが、それだけに頼るのは危険です。

少し想像してみてください。「あなたは説得されて、今日の夕食を決めますか？」「あなたがかわいがっている部下はデータ分析の結果に基づいて決めた人ですか？」。違いますよね？ **人の心が動くときは、もっと「エモーショナル（感情的）で感覚的」**なのです。だから、人を支配しているのは理性よりも感情です。

理性（頭）ばかりに訴えていては、人の感情（心）は動きません。アメリカの神経科学者ポール・D・マクリーンは「三位一体の脳仮説」の中で、進化的に古い順に、脳を反射脳（脳幹）、情動脳（大脳辺縁系）、理性脳（大脳新皮質）と分類しています。つまり、人類の進化の過程から見ても大脳新皮質が支配する理性はあとから発達してきた新参者なのです。爬虫類脳とも呼ばれる大脳辺縁系が支配する感情は古株で、私達を強くコントロールしています。

私の生命保険の担当者は、「生命保険は、あなたが家族に残す最後のラブレターです。だから、そのラブレターを他の誰でもなく、私があなたの一番大切なご家族へお届けします」と話します。頭ではなくハートに訴えかけてくるのです。その言葉で、お客様は自分がこの世を去るその日に、最も会いたい人の顔が心に浮かびます。だから、理論理屈ではなく、自分の死後も愛する人が困らないように保険に入ろうと思うのです。

もちろん、ただ感情に訴えればいいということではありません。

あるセールスパーソンは**「理性から入って、感情に訴える」**ことを心がけています。初対面のお客様は何か売りつけられるのでは？と警戒しているため、まずはメリットデメリットについてロジカルに説明して、少しずつ、納得してもらう点を増やします。そして、お客様の警戒が解けて、関心が高まってきたときに、自分の商品やサービスに対する想いを熱く語るのです。

これはお客様の心の温度にペーシングしています。そして大切なのは、最後は感情に訴えるということです。頭ではなくハートに訴えかけることが大切です。それができる人が好かれるのです。

最後は感情に訴える！

46

心に鎧を纏わない

人間関係にトラウマがあると、人は自分の心に鎧を纏《まと》います。鎧とは警戒心です。私は仕事で人間関係の相談を受けます。幼少期にイジメを受けた、会社で上司からパワハラを受けたなど、人間関係で傷ついた経験がある方は、自分が傷つかないよう他者に対して強い警戒心を持っています。そして、本当の自分を隠して、他人から好かれよう、立派な人になろうとします。

仕事でも資格を多く取り、仕事もバリバリこなし結果を残します。「優秀な人＝好かれる人」だと信じているからです。常に「ひとかどの人物になろう」と努力します。もちろん弱音も吐きません。ダメなところを相手に見せると嫌われてしまうと思うからです。

しかし、人は優秀で完璧な人が好きなわけではありません。**強い自分を演じ、本音を隠した結果、相手と距離ができ、嫌われてしまうことさえあります。**

鎧は自分を守ります。でも同時に自分を閉じ込めます。対人関係で言えば、不安感や警戒心が強い人ほど重厚な鎧を身に纏い、強く立派な自分を演じることにエネルギーを消耗しています。だから、一人になるとホッとするのです。重い鎧を脱いで、本来の自分に戻れるからです。それだけ自分でない者を演じることは、疲れるのです。

好かれる人は自然体で、心に何も纏っていないから疲れません。リラックスした雰囲気が相手に伝わり、相手も心を開いて話しやすくなります。**自分が自然体でいると、それが磁石となり、同じようにリラックスして接してくる人が集まります。**無駄なエネルギーの消耗がありません。疲れなければ人づき合いが苦になりません。苦手オーラが出ていない人が好かれるのです。

恥ずかしがり屋の研究で有名なフィリップ・ジンバルドは、「恥ずかしがり屋の人は他人に対する警戒心が強く、本当の自分を知られたら相手に嫌われると思い良い関係を構築できない」と言っています。過剰な警戒心は自分を隠す鎧です。隠すことにエネルギーを消耗すると、相手にエネルギーを使えないので良い人間関係が作れないのです。

過剰な警戒心はあなたを消耗させる。いつもリラックスを！

47

相手の良いところを見つけて褒める

自慢と心の関係を私はよくシーソーと心のボールで表現します。自分のことを自慢しているとき、自分はシーソーの上、心のボール（相手に寄せる好意や親しみ）は相手のところに転がっていきます。

自分がシーソーの下、相手が上になっているとき、心のボールは自分の手元に転がってきます。実は自信のない人ほど自慢が多いのです。

Ａさんは有名私立大学を卒業後、大手企業に就職し、その後、転職を繰り返しました。そのＡさんは人と話をしているときに、いつも自分の学歴と職歴を披露しています。「私はこんなに優秀だった」とアピールするのです。

でもＡさんに悪気はありません。高学歴や大手企業の名前を出したほうが、自分の話を聞いてくれて、尊敬してもらえると思っているだけなのです。

自慢する人の多くは心理的には承認欲求が強く、自分を認めて欲しいのです。でも、実際は、自慢、マウンティングすることで、相手はうんざりして信頼関係を築くことが難しくなります。

さらにAさんのような場合は、過去の栄光にしがみついて、現在の自分の処遇を嘆いていることが相手に強く伝わってしまうのです。心理的にも「あの頃は良かった」と言うと、「今は良くない」という裏メッセージが相手に届くと言われています。そして、これはAさん自身の無意識にも届いています。「今の自分は良くない。本当の自分はこんな風じゃない。もっと優秀だ」と。

そして、そう思えば思うほど、他者へ求める承認欲求が強くなってしまい、自慢を繰り返し、相手が離れていくという悪循環を繰り返してしまいます。

好かれる人は、自分の学歴や職業を自慢することがありません。自分の外側の権威のようなものに頼るのではなく、自分の人間的魅力で人と良い関係を築いていけるからです。

好かれる人は自慢する暇があったら、相手の良いところを見つけて褒めています。すると心のボールがシーソーの下の自分の手元に転がってくることを知っているからです。

自慢はしない！

48

ステージが変わると友達が変わる

今まで仲の良かった友人と急に話が合わなくなったり、批判されたりした経験はありませんか？

嫌われたと悩む人がいますが、それはあなたが急成長した証です。人は成長すると今までの環境や人間関係が合わなくなってきます。子供用の服を大人になったら着られないのと同じです。

しかし、潜在意識には現状維持メカニズムがあります。友人達は、成長したあなたより、以前のあなたのほうに安心を感じるのです。

変化することとは、人にとって怖いことなのです。だから、成長した人を、周りの人達が引き戻そうと批判してくるときがあるのです。

例えば、Aさんは10キロ以上のダイエットに成功し、喜んでいました。しかし、周りからは「前のほうがふくよかでいい」「年齢を重ねてから痩せると貧相になる」と太っていたほうがいいと言われてしまいました。これも現状維持メカニズムです。

人が成長するためには、どんな環境に身を置くか、どんな情報に触れるか、そしてどん

な人とつき合うかです。

「3年間人間関係にまったく変化がなければ、あなたは成長していない」と言われています。環境も、情報も、つき合う人も変わっていなければ成長しないからです。

5つの仕事を掛け持ちするスーパーサラリーマンで多くの著書を書いている石川和男さんは、「人生で大きくステージが上がるときは、住んでいる場所などすべてを捨てて、そのステージを駆け上がる勇気が必要、そのためには友達は捨てろ！」と語られていました。

自分が成長を遂げたとき、自然と今までつき合ってきた人と合わなくなります。**無理に以前の関係を保とうとするとストレスになります。**

誰かと別れるから自分の今のレベルに合う人と出会うのです。自分と合わなくなった人のことでクヨクヨしている人は魅力的ではありません。

好かれる人には、嫌われる勇気も必要です。

人間関係に執着せず、成長する！

第4章

行動編

49

すぐに行動する

心理学者のアルフレッド・アドラーも「良い意図を持っているだけでは十分ではない。大切なことは実際に成し遂げ、与えることだ」と言っています。マザー・テレサも「祈りは尊い、でも誰かのために何かすることはもっと尊い」と言っています。**好かれる人は想いを行動に移しますが、嫌われる人は口先だけで終わります。**

「何か自分にできることがあったら言ってね」と言う人は、口先で終わる人です。本当に想いがある人は、聞く前に行動します。

私は癌で入院しているとき名古屋にいたのですが、九州や大阪から駆けつけてくれる友人や、癌に良いとされるものをくれる人がいました。命の危機に手を差し伸べてくれた人は忘れることができません。その優しさに触れると、もしこのまま助からなくても十分幸せだと感じることができたのです。

想いは必ず行動に現れます。言葉より行動がその人の心を雄弁に語るのです。

チャンスを掴む人も、行動力のある人です。

保有資格をいかせる求人を探しているという人に、希望の求人が多く掲載されているメルマガを紹介したことがあります。その人は「ありがとう。また求人が掲載されたら教えてね」と言いました。この回答はＮＧです。「教えてもらったメルマガ登録しました」と行動に移し、報告するのが正解です。**情報は教えてもらったと同時に行動に移して、その報告や感想を言える人が、さらに良い情報やチャンスを掴めるのです。**行動は本気の証です。

カメラマンのＡさんは、有名な経営者からいつも引き上げてもらってチャンスを掴む人です。彼とＷｅｂ会議をしたとき、オススメの本を紹介しました。するとその場で、アマゾンで購入して「今、注文した！」と私に報告してくれたのです。さすがだと思いました。そうなると私もまた良い情報があったら教えようと思います。

口先だけに終わらずにすぐに行動に移す人は、さらに良い情報とチャンスを掴むことができるのです。そうする人が好かれるのです。

「あなたの存在が声高々に語るので、あなたの声が聞こえなかった」と言われるように、いつも言葉より行動のほうが雄弁なのです。

思ったことや教えてもらったことを実行に移す！

50 フットワークを空気並みに軽く

日本とベトナムを行き来しながら人材育成の仕事をしている株式会社ベトナムの李浩己《りほき》さんは、とにかく行動力があります。

私が「今度、あのメンバーで集まらない？」と彼に聞くと、３分後にはそのメンバー達のグループＬＩＮＥに「そろそろみんなで集まりませんか？」とお誘いメールを発信しています。ごちゃごちゃ考える前に即行動する彼は、知人に誘われた勉強会にはすぐに参加、フットワークが軽いのです。もらったアドバイスも即実行するので、仕事でもプライベートでも、改善・成長のスピードは眼を見張るものがあります。

一方、Ｂさんはとにかくフットワークが重いのです。Ｂさんは独身で婚活中。友人から飲み会のお誘いがあると「どんな人が来るの？」「何人ぐらい来る？」と幹事さえも把握していない質問を連発します。そして参加するのか、しないのかという返事が遅いのです。

幹事にとって、参加の有無の返事が遅いのが一番困ります。だから、幹事もＢさんを飲み会に誘うのが面倒になるのです。

Ｂさんに悪気はありません。ただ、慎重で失敗したくないのです。そして、お断りの返事をするのは相手に悪いと思って**グズグズ先延ばしし、さらに面倒な人になってしまう**のです。

一方、李さんは好奇心旺盛で、臨機応変な対応ができるからこそ、フットワークが軽いのです。予期しない事態に対し、これも正常の範囲内と捉えて平常心を保つ心理のことを、社会心理学では**「正常性バイアス」**と言います。

何かハプニングが起こる度に反応していると精神的に疲れるので、脳にはこのようなストレスを回避する働きがあります。フットワークの軽い人は正常性バイアスを働かせ、ハプニングを楽しめます。だから、事前にすべてのリスクを回避して、慎重を期す必要がないのです。

そして、内側から自分を突き動かす好奇心もあり、何にでも挑戦していくので、自然と経験値が増えます。経験値が増えるとさらにトラブルに対処できる力がアップしていくのです。**フットワークが軽く、何でもござれの人は頼もしい**ので好かれるのです。

慎重になりすぎない！

51 時間とお金を投資する

あるマネジメント関係の講師をされている方がビジネスパーソン1万3000人に対して行ったアンケートで「あなたは、過去1カ月間に仕事に関する学びへ自己投資しましたか？」にYESと答えた人はわずか17％でした。その17％の方達は、職場で高い地位にいるか高収入を得ている傾向にあったそうです。

学ぶことで、自分の知らない世界を知り、仲間と出会うことができます。チャンスは人が運んできます。学んで成長すればチャンスが訪れてすぐにも対応できます。

何に時間を使うのかで、自己成長も自分の未来も変わります。「本は高い」と言う人がいます。彼らは、本を買ったとしても学ぶことが少ない人です。逆に本から学ぶ人は、「1500円ほどで著者の経験やノウハウが凝縮されているから安い」と言います。今、自分のお財布から消えていくお金だけを見ている人は成長しません。

お金の使い方には浪費、消費、投資があります。浪費は、必要のないものにお金をかける。消費は、生活必需品など必要なものにお金をかける。投資は、自分が成長するためにお金をかける。ぜひ、自分に投資してください。「役に立つかわからない」「お金がもったいない」は成長をストップさせるワードです。

お金や物は盗まれることがありますし、株投資は損することがあります。しかし、知識や経験は自分に蓄積され、盗まれることがありません。失敗さえ成長の糧となります。

常に成長している人は話題も豊富で、話していても飽きません。経験豊富で、つい相談したくなります。だから好かれるのです。

カウンセリングの神様と言われるカール・ロジャーズは「すべての生命体は自己成長・自己実現していく」と言っています。これは、彼が幼い頃、小さな窓しかない地下の貯蔵庫に置かれたじゃがいもが、わずかな窓の木漏れ日に向かって芽を伸ばす姿を見て気づいたことです。

人もどんなに劣悪な環境に置かれても自ら成長し、開花しようとしているのです。花も人も成長し、開花するのが自然です。自然の営みほど美しく、人を惹きつけるものはありません。だから、学ぶことで成長している人は魅力的で好かれるのです。

積極的に学ぶ！

52 人は生き様が死に様になる

「死に様は生き様だ」と言われます。

ある同族経営の企業では、社長の甥《おい》が専務を務めていました。その専務はいじめのターゲットを決めると、その社員に徹底的に嫌がらせをしていました。Aさんは専務に「俺の車を出しておいて」と言われ、駐車場から会社まで専務の高級車を運転しました。するとそのあと、「お前、俺の車ぶつけただろう！」「お前、私的に俺のベンツを乗り回してるだろう」と何かにつけて因縁をつけられ、いじめのターゲットにされてしまいました。

そんなとき、専務の顔が黄ばみだしたのです。でも、顔色の変化について口にする社員はいません。みんな、余計なことを言って、いじめのターゲットにされることを恐れたのです。しばらくして専務は亡くなりました。病気で顔に黄疸が出ても、一人暮らしの上、社内で誰も彼に声をかけられなかったので、自分の顔色の変化に気づくことができなかったのです。誰にも口出しさせない彼の生き様が、その死に様に影響したのです。

生命保険のトップセールスマンの友人に、「自分が死ぬときに、どんな人がどれだけお葬式に来てくれるかって考えたことない？」と聞かれたことがあります。**死ぬときにたく**

さんの人から惜しまれて旅立つような生き方をしたいから、彼はいつもお客様の立場に立った愛のある行動ができるのです。生命保険を通じて人の生死に触れているからこそ、常に死に様を意識しながら、生きているのです。だから人に恥じない、優しい生き方ができるのです。

もし、**明日死ぬとしたら、多くの悩みは小事となり、許せないと思っていた相手へのわだかまりもなくなる人が多い**のではないでしょうか？　だから人生のエンディングまで考えて、今を生きている人は好かれます。

コーチングでも「あなたの墓石に言葉を刻むなら？」と死を意識した質問をして、今どう生きたいかを問うことがあります。

鉄鋼王と称されたアンドリュー・カーネギーの墓石には「己より賢明なる人物を身辺に集める術《すべ》を修めし者ここに眠る」と書かれています。人は生き様が死に様になります。そして生き方は死に様を考えることで変わります。

人生のエンディングを考えて生きる！

53 欠点を武器にする

売れっ子ホステスの条件とはなんでしょう？ 美人？ 会話がうまい？ 気遣い上手？

以前、テレビでも紹介されていた、銀座で年商6億円稼ぐホステスさんのウリは、なんと「ブス」です。

彼女はホステスの面接を30件受けて、すべて不採用。最後の1件で、なんとか泣きついてバイトすることになるものの通常のバイト料の半額での採用でした。

働きはじめてからも、お客様から「ブスだから、俺を見るな！」「酒がまずくなる！」と罵倒の嵐。トイレにこもって一人泣いていました。

しかし、彼女の大逆転は、ここからはじまります。

「こうなったら、ブスを全部のみこんでやる！」。翌日から彼女は「ブスホステスの◯◯で〜す！」とご陽気に接客。美人のホステスにはない、気さくなキャラと面白さを打ち出し、お客さんの笑いを取っていきます。お客さんが美人のホステスの前ではカッコつけて言えない愚痴でも悩みでも、どんどん聞いてあげる。そんなことをしているうちに、みるみるウチに彼女目当ての客が増え、銀座ナンバーワンホステスへと上り詰めたのです。

人は、欠点を隠したがる動物です。**欠点を隠して、カッコつけることで、外側は取り繕うことができます。しかし、潜在意識へ「自分の欠点を恥じている」「自分を否定している」というメッセージを送り自己肯定感を下げていきます。**

脳は快を求めて、痛みを避ける性質があります。だから短所改善は痛みを伴い、時間がかかりすぎるのです。

それならば、欠点をウリにブランディングしてしまったほうが得策です。

知人のマナー講師は、「元ナンバーワンホステスのマナー講師」という肩書きを持っています。彼女はマナー講師をはじめるときに「元ホステスがマイナスに作用するのでは？」と思ったそうです。しかし、この元ホステスという肩書きこそが、「普通のマナー講師より面白そう」「マナー講師は近寄りがたい雰囲気があるが、この人は違うかも？」と思うクライアントから依頼が殺到した理由です。**自分では欠点と思っていることが、他人から見ると長所ということは多い**ものです。隠さずに、さらけ出してしまったほうが、本当に自分を求めてくれる人に出会えます。

弱みをさらけ出す！

54 肯定的な未来を想像させる

人気映画『オーシャンズ13』で、主人公が警備も厳重でコンピューターによるセキュリティも高いカジノの金庫破りを計画するシーンがあります。
ハッカー「コンピューターは、難攻不落だ。遮断するのは難しい」
主人公「もし、遮断ができたら……」
ハッカー「〝もし〟はありえない。遮断は絶対不可能だ！ 神業か天災でも起これば話は別だが……」
主人公「もし、メインコンピューターを倒せたら……」
ハッカー「無理だ」
主人公「でも、あんたなら……。できるよ」
ハッカー「おだてるな。よし、俺のパソコンを持ってきてくれ」
この短い会話の中に、不可能を可能にするミラクルクエッションがちりばめられています。「もし〜できたとしたら」というのは、心理学で**「As If フレーム」**と言います。ハッカーは、はじめメインコンピューターの遮断は絶対不可能だと決め込んでいました。これは、「無理。不可能」という色眼鏡（フレーム）をかけて見ていたのです。人が実現できることは、自分がイメージできることだけです。だから、「無理。不可能」という眼鏡をかけている以上、このハッカーがコンピューターを遮断することは不可能です。でも、主人公が何度も、**「もし、できたとしたら？」という成功をイメージする眼鏡にかけかえていた**のです。

そう、**無理だと思い込んで、失敗するイメージばかり抱いていては、問題を解決することはできません。**主人公が「なぜ、できないんだ？」「もし、失敗した場合どうなるんだ？」と問題志向の質問に終始しても、この計画は失敗したでしょう。

「問題型の質問は否定的な思考と言い訳を生み出し、解決志向の質問は肯定的な思考と解決策を生む」のです。だから同じ「As If フレーム」でも「もし、できなかったとすると？」と聞くのと「もし、できたとすると？」と聞くのでは雲泥の差があります。

好かれる人は、肯定的な解決志向の質問で問題を解決する扉を開くのです。

可能性を見つけてあげる！

55 誰かの役に立つことを目的に生きる

私が癌になったとき、病気を克服した方達にお話を聞きに行きました。

杉浦貴之さんは腎臓がんで余命半年と宣告を受けてから20年以上お元気で、ホノルルマラソンを何度も完走しています。彼は「元気になったから走ったんじゃない、走ったから元気になったんだ」と話してくれました。そして今は、癌克服者の想いを掲載した雑誌『メッセンジャー』を刊行されています。

己書《おのれしょ》を教えている則武謙太郎さんは6年間パニック障害に苦しんでいました。「人前で泣かないことが良いことだと強く生きてきた自分がパニック障害になるなんて、絶対に人に知られてはいけない。気づかれないうちに治さなければ」と焦って症状が余計に悪化することもあったそうです。でも闘病中から「今は苦しいけど、これを克服したら、誰かに〝君も大丈夫だよ〟って言ってあげられる日が来る」と思いパニック障害を克服。現在は全国で己書の指導やカウンセリングを行っています。

これらのことから私がわかったことは、元気になる方法は十人十色で決まった方法はないということです。でも、考え方には共通する点がありました。

1つは、「メタアウトカム（目標の上の目標）」を持っていることです。病気を治すことが目標ではなく、治ったあとに何がしたいのかというメタアウトカムがあったからこそ元気になったのです。

2つ目は**自分を超えた目標があること**です。人には安全安心の欲求があります。自分の命や価値観を守ることを第一として生きています。しかし、奇跡を起こす人や、ビジネスなどで**大きな成果を上げる人は自分を超えて、誰かのため、世界のために生きています。**

これをNLPでは「ニューロロジカルレベルが自分を超えて、社会やスピリチュアルレベルに達している」と言います。自分を超えた目標を持っている人は、多くの人に影響を与えることができます。心の矢印が他者や社会に向けられているからです。人は、自分に関心を向けてくれる人を好きになるのです。

聖者の言葉に「まずは、自分のために頑張りなさい。それが誰かのためにつながったとき、あなたは成功するでしょう」というものがあります。

自分の欲を超えて、誰かのために生きるとき、奇跡や成功の扉は開くものなのです。

自分を超えた目標を持つ！

56

モデルになる人にアドバイスを求める

意見を聞くなら自分のモデルになる人を選ぶに越したことはありません。しかし、相談するとき、つい身近な人にしてしまうものです。独立するときに相談すべき相手は次の3人のうち誰でしょう？

①サラリーマンの友人
②独立起業して失敗した人
③独立起業して成功した人

この中で相談すべき相手は、③の独立起業して成功した人です。

①のサラリーマンの友人は、サラリーマンでいることに利点を感じている人です。②の独立起業して失敗した人は、成功体験がありません。だから、両者とも独立起業に否定的な発言をする可能性が高いのです。

NLPの創始者のリチャード・バンドラーは「病気の人になぜ、病気になったのかと聞くと、病気になった原因はわかるかもしれない。しかし、それは健康になる方法とは違う。本当に健康になりたければ、健康な人に秘訣を聞くべきだ」と言っています。これは**「モ**

デリング」の真髄です。モデリングとは良い結果を導き出すために、相手の考えや行動をマネることです。ポイントは**自分が望む分野で成功している人、良い結果を出している人に助言を求める**ことです。

これは婚活も同じです。友人で40歳を過ぎてから結婚した人がいます。彼女は結婚したいと思ったのが40歳を過ぎてからでした。40代の未婚者の結婚できる確率は20～30％と決して高くありません。彼女は、幸せな結婚生活をしている友人を中心に、その人達が結婚するためにしたことをすべて実行しました。その結果、彼女は出会って3カ月でゴールイン。幸せな結婚生活を送っています。

道元禅師の言葉にも、「正師を得ざれば学ばざるに如かず」とあるように**正しい道を極めた師匠のもとでなければ、学んでいないも同然**です。「師匠＝モデル」となる人を選ぶのが上手な人は、自分を正しく成長させ、目標を達成できます。ドリームキラー（否定的な言葉で相手の夢や目標達成を邪魔する人）の言葉に惑わされて、夢をあきらめたりしないので、人から好かれるのです。

成功している人にアドバイスを求める！

57 ゴールよりスタートが肝心

潜在意識の法則では、ゴールよりスタートが大切です。

実は、スタートする時点で結果は決まっています。ひまわりの種をまいたら、ひまわりの花が咲きます。チューリップの種をまいて、ひまわりの花が咲くことはありません。だから**目指すゴールより、動機が大切**なのです。

例えば、何か勉強をはじめるときに、それを学ぶことに興味がありワクワクしているなら、その学びはあなたの人生を豊かにします。でも、勉強しなければ馬鹿にされるなど恐れからスタートしたことは、あなたの人生を豊かにはしないでしょう。まいたタネが花開くのです。

潜在意識は、あなたが深く信じていることを引き寄せ、実現します。

以前、パリコレを目指すモデル達をアン ミカさんが指導する『パリコレ塾』が放送されていました。モデルのオーディションで、なぜパリコレを目指すのかという質問に「振られた彼を見返すため」と答えた人がいました。アン ミカさんは「パリコレを目指すモデルは心身ともに健やかでないといけません。誰かを見返すためにパリコレを目指すのは間違い」とその人を不合格にしました。

誰かを見返すためにパリコレを目指す人は、真に洋服を愛しているモデルに敵わないのです。ランウェイを歩くオーラが恨み節になってしまうからです。ショーを見るお客様を感動させるのは見た目の美しさだけでなく、愛からはじまる動機なのです。お客様は愛のオーラを感じます。だから人を感動させられるのです。

世界で最も成功したデザイナー、ラルフ・ローレン・リプシッツは「私は服をデザインしているのではない。夢をデザインしている」と語っています。もし彼のスタートが服を売って儲けることや名声を得るためだと考えていたら、ラルフ・ローレンが世界的なブランドになることはなかったでしょう。いつも、「スタート＝動機」が大切なのです。

彼はさらに「楽しんでいるから仕事は成功する。それを証明しているのが私達だ」と語っています。仕事が成功したから楽しくなったのではありません。楽しいという種をまいて仕事をしたから、成功したのです。

愛が動機なら、放つ波動も愛になります。だから人の心を掴むのです。

愛からはじまる種まきをする！

58 恥をかくリスクを取る

中国出身のCさんは運を大切にします。彼の家は東に龍の置物を飾るなど、風水でインテリアを決めています。彼の仕事は、中国から輸入した商品を日本で販売することです。来日後は、カタコトの日本語でも、日本企業の人達の輪に入って交渉していました。日本語が通じず、笑われても彼はめげません。その行動力とコミュニケーション能力で、ビジネスを成功させています。

私は多くの人の相談に乗る中で、人生を切り開いていくためには「運」「行動力」「コミュニケーション能力」の3つの能力が必要だと感じています。中国出身の彼は3つ揃っているのでビジネスがうまくいっているのです。

Aさんは婚活中で、パワースポットに出かけたり、風水で運が良くなる部屋に模様替えをすることには積極的です。しかし実際にお見合いに行くことには消極的です。たまに出かけても相手の欠点を見つけては文句ばかり言っています。これでは、運は大切にしても、行動力もコミュニケーション能力も不足しているので結果が出ません。

Bさんは求職中で、ハローワークのマナー講座等には参加しても、企業の面接にはほとんど行きません。不採用になるのが怖いのです。自分が否定されたように感じるからです。

実は婚活をしているAさんの行動力のなさも同じです。出会いの場に行って断られるのが怖いのです。一番、結果に結びつく行動は、断られて恥をかくリスクが高いのです。人生をうまく切り開いていける人は、恥をかく覚悟で行動ができる人です。

できないことを、できるようにするときにも、恥をかく必要があるのです。野球で打席に立つと三振して恥をかく可能性があります。でも、打席に立たなければ、ホームランを打つ可能性は０です。そして、**うまくいかない状況で、恥をかきながら頑張っていると応援してくれる人が現れます。**あなたも、子犬が転びながらボールを一生懸命追っていたら「頑張れ！」と応援したくなりませんか？　これは**「アンダードッグ（負け犬）効果」**と呼ばれ、不利な状況の人を応援したくなる心理のことです。

好かれる人は、一生懸命さで応援され、運を掴むのです。

運だけに頼らない！

第 5 章

ポジティブ思考編

59

口癖がジャマイカ人

一般的には正義感が強いことは良いこととされます。しかし心理学では、正義感の強い人ほどストレスが多いと言われます。

正義感の強い人は、「〜しなければならない」という信念をたくさん持っている人です。**〝ねばならない〟が強い人は、対人関係でトラブルになりやすい**のです。

「時間に遅れないようにしなければならない」「食べ物は残してはならない」というのは、自分の経験の中で良いことだと思ったから信念にしたのです。この〝ねばならない〟で世の中を見ると、遅刻した人を許せず、自分が食べ物を残すと罪悪感が生まれます。自分の〝ねばならない〟という信念がストレスを生み出しているのです。

インバウンド研修講師の知人は、「私、ジャマイカ人だから」が口癖です。もちろん彼女は、英語は得意ですが、日本人です。彼女は「じゃー、まっいいか！」と言って何事もあまり気にしません。これが大切です。海外ではトイレから出ても手を洗わないのが普通な国もあります。お店の床にゴミを捨てるのも当たり前の国もあります。これにいちいちイライラしていては、外国人向け研修を担当するのは不可能です。

鬱病になりやすい人は0か100か？　白か黒か？　ですべてを判断し、グレーゾーンがありません。曖昧にできる大らかさが心の健康にも、人間関係にも重要です。何事も「こうでなければならない」と思っている人より、「まー、いろいろあるよね」と思っている人のほうが悩みは少ないのです。信念は柔軟性があってはじめて信念として機能します。〝ねばならない〟とガチガチになった途端に信念は制限となってあなたを苦しめます。

「〜しなければならない」と思っている人は、マイルールが多く、他者を厳しく裁きます。ルールを破る人が許せないからです。裁きを下しているとき、人は怒りなどの激しい感情にとらわれます。すると上機嫌ではいられません。

「じゃー、まっいいか！」とおおらかに物事を捉えられる人は、人を厳しく裁くことがありません。だから相手も安心して、心を開くことができます。マイルールの違反者にイライラもしないので、常に上機嫌でいられます。気持ちが安定していて、細かなことにとらわれないからこそ、大局を見て適切な判断が下せるのです。

「じゃー、まっいいか！」と言って大らかに構える！

60 自画自賛のセルフトークができる

行動力のある人は〝セルフトーク〟が上手です。〝セルフトーク〟とは頭の中や実際に口に出して、自分で自分に話しかけることです。例えば、レストランでメニューを選ぶときでも、

自分『今日は、何を食べようかな？』
自分『昨日は、パスタだったから。よし！じゃぁ、今日はハンバーグにしよう！』

という感じで、私達が一日に行っている〝セルフトーク〟の回数は一説では、5万回以上だと言われています。それだけ自分に浴びせる言葉ですから、自分のモチベーションや行動力を左右するのは言うまでもありません。

行動力抜群のAさんは、仕事の資料が1つ完成すると、

「すげ〜！！この資料カッコイイ！！！俺って、なかなかやるな〜！！」

と叫び、何か嬉しい出来事に遭遇したら、

「うわ！ラッキー！ここで、出会うなんて、俺はツイてるな〜！」

と言い、ちょっとしたトラブルに遭遇しても、

「いや〜。このままやっていたら、危なかったよ〜。今、気がついてよかった！」
と言います。

彼の**〝セルフトーク〟はすべて、自分に対して肯定的**です。自画自賛・手前味噌でいいのです。心理学実験でも、自分に対して肯定的な〝セルフトーク〟ができる人のほうが、問題解決する能力が高いという結果が出ています。

「俺はできる！」と〝セルフトーク〟を繰り返すと「自分は素晴らしい」「自分には価値がある」と高いセルフイメージが生まれます。潜在意識は繰り返しのリズムで強化されるのです。高いセルフイメージは、高い能力を発揮でき、良い人間関係も構築できるのです。

一方「自分には魅力がない」などセルフイメージが低いと、自信が持てずになかなか人と親しくなれません。自信がないと、誰かに認めて欲しいという承認欲求が強くなります。しかし、常に承認を求めると、相手は煩わしくなり良い人間関係が築けません。

人生で一番長く一緒にいるのは自分自身です。肯定的な〝セルフトーク〟で良いパフォーマンスを生み出すことが大切です。

自分を褒めてねぎらう！

61 良い感覚を保つことに注力する

夫婦関係が思わしくないとき、仲良くなる方法の1つとして、恋人同士や新婚時代の思い出の場所に行ったり、思い出話をする方法があります。すると「あんなこともあった。こんなこともあった」と過去の2人で過ごした日々、心地よい感覚が戻ってくるので、関係が修復されます。

あるご夫婦は結婚記念日やクリスマスになると、必ず2人で結婚式を挙げた式場で食事をします。結婚当初のことを思い出すことで、初心に戻って2人で良い関係を築いています。今はFacebookで「2年前の今日は、こんなことをしていました」と自動で過去の思い出を振り返るような仕組みもありますので、お互いにそうした記事をシェアすることではじめて会ったときのような感覚を呼び起こすこともできます。

この、**良かったときを思い出す行為は、関係修復の際の心理的なアプローチとして有効です。**

しかし、本当に関係が破綻してしまうと、現在の自分が過去の記憶まで塗り替えてしまいます。知人の紹介で奥さんと知り合ったAさん。結婚するときはその知人に「本当に良い人を紹介してくれてありがとうございます」と言っていました。しかし、数年が過ぎ、Aさんは別の女性を好きになり離婚を考えるようになりました。そのときAさんは、「(奥さんと)出会った頃は、仕事で鬱っぽくなっていた。だから知り合いの紹介話に乗ってしまった。騙《だま》されたようなものだ」と言ったのです。

今、離婚したいという気持ちが高まっていると、過去の良い思い出も塗り替わってしまいます。**人は今の自分から過去の出来事に意味づけをしています。**

すべては今、感じている感覚によって左右されます。例えばお腹が空いているときに買い物に行くと、食料品をつい買いすぎてしまいます。今、空腹だと未来も空腹に違いないと無意識に思ってしまうからです。よく節約術として買い物へ行く前に飴を舐めなさいとか、満腹にしてから出かけなさいと言われるのはこのためです。今、満たされているなら、未来も満たされていると感じることができるので、余計に物を買い込むことがないのです。

だから、良い関係を保ちたい人がいたら、過去や未来のことで喧嘩するのはやめて、一緒にいる今を楽しむことが大切です。

一緒に過ごす今を楽しむ！

62 長所と欠点の出所は同じ

欠点と長所はコインの裏表のようなものです。例えばケーキを食べるメリットはなんでしょう？　それは甘くて美味しいことです。デメリットは何かと言えば太ることです。しかしもとをたどれば砂糖が入っているから甘くて美味しいし、砂糖が入っているから太るのです。つまり出所は同じなのです。

メリット……甘くて美味しい　原因↓砂糖が入っているから
デメリット……太る　　　　　原因↓砂糖（カロリー高い）が入っているから

長所と短所も同様です。長所として、リーダーシップがある人は短所として強引なところがあります。優しい人は優柔不断なところがあります。長所と短所は出所が同じなのです。短所を直そうとするあまり、長所まで消えてしまっては意味がありません。自己否定が強い方は短所に目が行きがちです。**〝能力は心の状態に比例〟**します。**すべての場面で気分が良くなる考え方、言い方を選択することが重要**です。

商品をＰＲ　【欠点】必需品ではない商品　【ウリ長所】最高の贅沢品

面接　【欠点】おせっかい　【長所】面倒見が良い

「自分はダメだ」「自分は嫌われている」と劣等感が強い人は、自分より優れた人を妬《ねた》んで攻撃をしたり、自分を大きく見せようと自慢話が増えます。「どうせ自分には無理」と欠点を理由に行動に移せない場合もあります。

アドラー心理学には**「大切なのは、何が与えられているかではなく、与えられたものをどう使うかである」**という**「使用の心理学」**という考え方があります。自分の欠点やコンプレックスを行動しない理由にするのではなく、良い意味づけをして前向きに行動していく大切さを説いています。欠点を長所として捉え、自己肯定感の高い人は、誰にでも親切にできるので好かれます。

人生は自分が思っているほど長くありません。短所を直しているうちに天に召されてしまいます。短所改善より長所伸張を考えるほうが建設的です。

短所改善より、長所伸張に力を入れる！

63 口癖が人生を作る

口癖が人生を作ると言います。

マザー・テレサは**「思考に気をつけなさい、それはいつか言葉になるから。言葉に気をつけなさい、それはいつか行動になるから。行動に気をつけなさい、それはいつか習慣になるから。習慣に気をつけなさい、それはいつか性格になるから。性格に気をつけなさい、それはいつか運命になるから」**と言っています。

「私は明るい」「私は真面目だ」などの自分に結びつけた自己認識レベルの言葉は特に人生に影響を与えます。

ある事件を起こした男は「自分は嫌われ者だ」が口癖でした。するとどんな出来事も自分を嫌っているように感じます。

男は電車で自分の隣の席が空いていたとき、乗車した女性がたまたま向かいの席に座っただけで「俺の隣に座らなかった。やっぱり俺は嫌われている」と嘆いていたそうです。

工場勤務のときは、たまたま自分の作業着がクリーニングから戻っていないことを会社の嫌がらせだと感じたそうです。

人生ではたまたま自分の制服だけクリーニングから戻ってこないときや、会議で配られるはずのお弁当が自分の席だけ忘れられることもあります。でも、自分が嫌われ者だと思っていなければ、そのことに過剰に反応することはありません。

自分を何者とするかによって、物事の見方が変わり、その後の人生が大きく変わります。

イタリア人の夫を持つ知人は「イタリア人は自分が大好き。うちの旦那も、自分はカッコいいといつも言っている。実際は顔が大きくて、足短いけど……」と言います。その旦那さんは自分がカッコいいと思っているので、いつもおしゃれで、笑顔。女性に優しく接します。すべての女性は自分に好意があると思って行動するので、余裕があり、実際にモテます。

モテる秘訣は容姿ではなく、口癖です。ポジティブな口癖の人は、物事の受け止め方がポジティブだからモテるのです。

私は○○だというときは、肯定的な言葉を選ぼう！

64

出来事を肯定的に捉える

ＮＬＰには**「リフレーム」**と呼ばれる出来事に対する意味づけを変えることで、自分の気持ちにダメージを与えず、前向きに捉えるスキルがあります。

私達は出来事によって、喜んだり悲しんだりしていると思いがちですが、出来事はあなたを喜ばすことも、悲しませることもできません。**自分がどんな価値観を持ち、どんなメガネをかけて出来事を見るかが気分を左右します。**

出来事	価値観	気持ち
失恋する	私は魅力がないから振られた	落ち込む
失恋する	運命の相手と出会えるチャンス	喜ぶ
同僚に悪口を言われる	人に嫌われてはいけない	落ち込む
同僚に悪口を言われる	同僚が嫉妬するくらい自分に実力がある	喜ぶ

失恋しても、どんな価値観を持っているかで気持ちが変わります。失恋して自分には魅力がないと自己否定すれば落ち込みます。

この失恋は神様が「この人ではないよ」と教えてくれている、運命の相手を探すチャンスと捉えれば前向きな気持ちでいられます。

心の状態管理ができる人は、ネガティブな出来事に対してリフレームする力が強いのです。

脳は**「ネガティビティ・バイアス」**と言い、ネガティブな出来事に強く反応し、長く記憶に残す傾向があります。脳科学者のリック・ハンソン氏は太古の昔、人がリスクの高い状況で賢い決断をするために生まれたのが「ネガティビティ・バイアス」だと述べています。

例えば、「あの人はおしゃれだけど、金遣いが荒いよ」「あの人は、仕事はできるけど、酒癖が悪い」と言われるとどう感じますか？　多くの人は欠点に目が行くのではないでしょうか？　このように**人は無意識にネガティブな情報を優先します。**だから意識しないと、他人の粗探しをしています。

積極的に良い点を探す人は、人生も人間関係もうまくいくのです。

ネガティブな出来事でも良い意味づけをする！

65

絶望は希望のはじまり

〝絶望は希望のはじまり〟〝困難・障害は勝利の前触れ〟と逆境に強い人達は、ピンチが訪れたときに、「これは本当にピンチなのか？ 良いことの前兆では？」と考える習慣があります。人生は起こった出来事に対してどんな意味づけをするかで大きく変わります。

そして出来事は点で捉えるのではなく線で捉えることが必要です。

司法書士として活躍するAさん。大学卒業後は一般企業の事務職として働いていました。学生時代からつき合っていた彼と結婚することを考え、仕事が忙しくなりはじめたタイミングで、花嫁修業をしようと会社を退職しました。しかし、そのあとすぐに、彼から「好きな人ができたから別れて欲しい」と切り出されたのです。Aさんは失恋のショックで毎日泣いて暮らしていました。いきなり無職で恋人ナシのどん底に叩き落とされたのです。

泣いてばかりもいられないので、Aさんは司法書士の資格取得のためスクールに通いはじめました。毎日、おしゃれの1つもせず、お昼に食べるおにぎりを2つ持ってスクールへ通い、空き時間は図書館で勉強をしました。その結果、1年で受かるのは難しいと言われる試験に一発で合格したのです。

彼女は「今振り返ると、あのとき失恋して仕事もない状態だからこそ勉強に集中できた」と言います。そして現在、彼女は大阪の一等地に司法書士事務所を設立して活躍しています。

その時点だけを見ると、**どん底と思えるような出来事でも、あとから振り返ると最高の転機になっていることはよくあること**です。「人間万事塞翁《さいおう》が馬」の物語は、村人が飼っていた馬が逃げてしまい最悪だと思っていたら、仲間の馬を連れて戻ってきます。村人は馬が増えたことに最高と思っていたら、新たな馬に乗って畑仕事をしていた息子が落馬して、落ち込みます。しかし、しばらくすると戦がはじまり、息子は怪我をしていたので徴兵を免れるのです。

人生を点で捉えると悪いと思えるような出来事でも、線で捉えることが大切です。絶望は希望のはじまりなのです。

トラブルが発生すると多くの人は動揺し、悲観的になり、エネルギーを消耗します。反対にトラブルを前向きに捉える人は、十分なエネルギーを持って問題を解決します。そんなピンチをチャンスに変えることができる頼りになる人が、好かれるのです。

ピンチはチャンスの裏返し！

66

困難を歓迎する

古今東西、ヒーローはたくさんいますが、ジョセフ・キンベルは世界中の神話を研究して、その共通点に気がつきました。NLPでは**「ヒーローズジャーニー（英雄の冒険）」**と言われるもので、かいつまんでお伝えすると次の通りです。

①最初は普通の人
②自分のミッション（使命）に気づき、旅に出る
③自分を助けてくれる仲間と出会う
④ミッション達成を阻む敵と出会う
⑤ミッションを達成し、故郷に帰る（自分の経験をみんなと分かち合う）

日本で言えば、桃太郎の物語がまさに「ヒーローズジャーニー」です。

神話を親が子に読み聞かせたのは、なぜでしょうか？　それは、「生き方のひな形＝人間はどう生まれて、どう死ぬか？」を私達に伝えているためです。ジョージ・ルーカスも「ヒー

ローズジャーニー」の考え方の影響を受け、『スター・ウォーズ』を製作し、世界的なヒット映画になりました。『ハリー・ポッター』などの愛されるストーリーには、人々が求める生き方がそこにあります。

主人公は進むべき道がわかっていて情熱的です。その雰囲気とエネルギーが人を惹きつけるのです。

逆境でも心が折れず、回復できる力を**「レジリエンス」**と言います。レジリエンスの高い人は、どんなに辛い体験も意味があると考えます。ヒーローはいつも傷だらけです。でも文句を言いません。それが自分の使命だと辛さの意味を知っているからです。

だから**逆境に出会い、英雄の冒険をしている人はとても魅力的で愛される**のです。

多くの人は困難に出会うとそこであきらめてしまいます。でも、「ヒーロー＝人生の主役」にしか困難は与えられません。困難に出会うということは、人生がうまくいっている証拠なのです。

困難に出会ったら、人生がうまくいっていることに気づく！

67 どっちでもいいと考える

街でブランド物に目が行く人はどんな人でしょうか？

すぐに浮かぶのはブランド好きな人ではないでしょうか？　でも実は、ブランド物が好きな人だけではなく、嫌いな人も目が行くのです。「〇〇はダメ」と強く禁止しているとやたらと目についてきます。ブランド物に興味がない人はそもそも目に止まりません。意識しないので、その情報を引き寄せないのです。

知り合いの教師は、「電車の中で化粧をする人が許せない」と言います。「化粧は人前でするものではない」という価値観を持っているからです。だから電車でも、ファミレスでも、化粧をしている人を発見して、嫌な気持ちになるのです。

私は、電車で化粧をしている人を滅多に見ることがありません。ファミレスでお化粧している人には一度も出会ったことがありません。きっと電車の中で化粧をしている人はたくさんいるかもしれませんが、気にならないので目に入らないのです。

もし、やたらと目についてイライラすることがあったら、自分で禁止している価値観に気づくチャンスです。

良い・悪いのジャッジを緩める！

人が幸せに生きる方法の1つは、良い・悪いというジャッジを手放すことです。

例えば、「想像力があることは良いことだ」というジャッジは一見、害がないように感じます。しかし、その裏の価値観として、「自分で発想できない、考えることができない奴はダメだ」など、反対のものを否定する価値観が生まれてしまうのです。

何かを否定する価値観がある限り、イライラは生まれ続けます。

ブッダは人々に「大地はミルクをこぼしても、糞尿を撒き散らしても、同様に受け入れる」と、大地の寛容さについて語っています。物事や人に良い悪いでジャッジをしている限り、あなたの心が平穏であることはありません。

ブッダの前で人が癒やされるのは、人をジャッジしないからです。**裁かれないとき、人はリラックスしてありのままの自分でいられます。**良い・悪いのジャッジを緩め、どちらでもいいと考えられる人は他人に寛容です。だから愛されるのです。

68

批判を気にしない

「あの人にこんなことを言われた……」と悩む人は多いものです。そのときに考えなくてはいけないのは、その人があなたにとってモデルになる人なのか？　教訓になる人なのか？　ということです。

モデルになるのは、この人のような考え方や行動ができると良いと思える理想的な人です。教訓となる人は、あんな人にだけはなりたくない、あんな行動はしたくないと思う人のことです。

アメリカの心理学雑誌『PSYCHOLOGY TODAY』では「他者から批判されても、それが実際に自分に関係している場合はほぼない」と述べています。

アメリカの精神科医ウイリアム・グラッサー博士は、「不幸な人間関係を築く人は、外的コントロール（人を自分の期待通りにコントロールすること）を用いる」と述べています。そして、「その人達は『悪いことをしている人は罰せよ。そうすれば彼らは私達が正しいと言うことをするだろう。そして報酬を与えよ。そうすれば彼らは私達が望むことをしてくれるだろう』と考える」と言います。他者を外的コントロールによって変えようとするときに使われるのが「批判」「馬鹿にする」「責める」「罰を与える」「褒美を与える」ことなのです。

だから**あなたを批判してくる人は、その人自身に問題があるか、あなたをコントロールしたい欲望がある**ことがほとんどです。

しかし、自己肯定感が低い人は「自分を批判する＝正しく自分の価値を判断してくれる人」と信じてしまうことがあります。悪い占い師に「あなたはダメだから、寄付をしてカルマを落とせば運が開ける」などと言われ、大金を騙し取られる人はこのタイプです。**自分を高く評価する人より、低く評価する人のほうを信じてしまう**のです。だから、モデルにならない人の批判を真に受けて、騙されたり、落ち込んだりしてしまうのです。

自己肯定感が高い人は、他人の批判を気にしません。自分のモデルになる人物の助言だけうまく取り入れ、教訓になる人物の批判は聞き流すのがうまいのです。批判に対して、感情的になる不安定な人を好きになる人はいません。いつも自分らしく、くつろいでいられる人が好かれるのです。

教訓にすべき人の批判は気にしない！

69 嬉しい出来事を虫の目で見る

ディズニーランドでスプラッシュマウンテンに乗っている自分をイメージしてください。

①滝壺に向かって丸太のボートで真っ逆さま、水しぶきが自分に飛び散って、落ちていく映像が見えたり、感覚を味わったりした。

②遠くにスプラッシュマウンテンの岩肌が見え、その真ん中から丸太のボートに自分を含めた数人が乗り込んでいる映像を遠くから見ている、写真に収めているような感じ。

ＮＬＰでは①は**「アソシエイト」**、②は**「ディソシエイト」**と言います。

アソシエイト……出来事に対して、主観的で感情と同一化している状態

ディソシエイト……出来事に対して、感情が切り離されて、客観的でいる状態

アソシエイトを簡単に言うと、虫の目で見ることです。虫にとってすべてのものは近く大きく見えます。だから五感を使ってありありとその出来事を味わうことができます。

一方、ディソシエイトとは、鳥の目で見ることです。物事を俯瞰《ふかん》し冷静に見られます。

ＮＬＰでは、このアソシエイトとディソシエイトを自由自在に行き来できることを**「ニュートラル・ポジション」**と呼びます。２つの視点をうまく切り替えることで、心の

コントロールがうまくできるようになります。

Aさんは、プレゼンなどで高い評価をもらったときは、「それは、製品の性能が良かっただけで、私の話し方とかが良かったわけじゃない。調子に乗ってはいけない」と分析し、良い出来事からディソシエイトして良い気分を感じないようにします。反対に評価が悪かったときは、「私の責任。全員退屈していたに違いない」と嫌な体験にアソシエイトして、嫌な気持ちにどっぷり浸かってしまいます。

これではモチベーションを上げることも、プレゼンに自信を持つこともできません。日本人の美徳の1つは謙虚です。しかし、行きすぎると自信喪失につながります。**楽しいことはアソシエイトし、成功体験を心に刻みつけ自信につなげること。問題に直面したときや、辛い出来事があったときは、ディソシエイトで客観的に俯瞰して見ることで、冷静に解決策を見つけることができます。**

ニュートラルポジションを取れる人は悲観的になることがありません。だから人から好かれるのです。

アソシエイトとディソシエイトを使い分ける！

70 自分を満たす

自己肯定感が高い人のほうがチャンスを摑み、人間関係もうまくいきます。自己肯定感とは「自分を大切にする気持ち＝自分を愛すること」です。

実は、自己肯定感は自分の思い込みで作られています。多くの人は一度の失敗や繰り返し言われた言葉を真実だと思って、「自分は不器用」「自分はバカ」などと思い込み、自分を愛せず、自己肯定感が低くなっているのです。

ノミはほっておくと1メートルくらい高くジャンプすると言います。しかし、10センチの透明の箱に入れておくと、飛び上がる度に、ぶつかり痛い思いをします。だからそのうち10センチしか飛ばなくなります。そして、ある日、透明の箱から出しても、もう10センチしか飛ばないそうです。

人も、何度か挫折したり、何回かうまくいかないことがあるとそれが自分の実力だと思ってしまいます。そして自分はダメだと自分を嫌う人が出てきます。

自分の器が小さいと思い込んでしまうと人生も人間関係もうまくいきません。 仕事でチャンスが来ても、「きっと自分には無理だろう」と断ってしまうのです。素敵な異性から好意を寄せられても、「自分を好きになるはずがない、きっと裏がある」と良い出来事を受け入れられないのです。

「やれるかも？」という可能感をもって、実力不足のことにも挑戦することで、人は成長します。「できない」「無理」という言葉を繰り返していては、いつまでたっても行動することも、自己肯定感を上げることもできません。経験が自信になります。それは自分を愛することにもつながります。できないことは、実はただやり方を知らないだけで、やり方がわかればできるようになることもたくさんあります。

そして、**本当に自分を愛していなければ、人に愛を分けてあげられないのです。**例えば自分が腹ペコで死にそうなら、隣の人に食事を分けてあげられません。でも、自分がお腹いっぱいで、食べ物が余っていたら、隣の人に分けてあげられますよね？　十分満たされれば分け与えるのが自然です。愛や優しさも同じです。まず自分を十分に満たすことで人に優しくできます。自己肯定感が高くなければ、真に人を慈しむことはできないのです。

まずは自分を好きになる！

第 6 章

仕事・営業編

71

怒りを真正面から受けない

真正面からの謝罪は避けたほうが無難です。パーソナルスペースの「対決姿勢」では緊張感が高まります。これは、昔のカウボーイが撃ち合いをするときの姿勢です。謝罪の際、緊張感が高まり、相手がヒートアップする可能性があります。だから、真正面からではなく、**正面から少しずらして謝ったほうがいい**のです。このように、謝罪にも効果的なポジショニングがあります。

謝罪にふさわしいスーツの色はズバリ、〝グレー〟です。グレーは刺激が少なく、弱々しく見える色です。コアラやトトロが可愛くて守ってあげたくなるのは、容姿だけでなく、色の効果もあります。

だから、グレーを着るだけで相手が許してくれる確率が高まります。

怒りが収まらない相手には「ペース＆リード」（17項参照）**も必要**です。

コロナウィルスの影響で、ドラッグストアでマスクが買えない状況が増えました。

あるドラッグストアでは、マスクを買い求めに来るお爺さんが「なんでマスクないんだ！！！」と怒ったとき、店員が「すみません。入荷していなくて……」と申し訳なさそうに答えても、お爺さんの怒りはなかなか収まらなかったそうです。

しかし、あるとき、「なんでマスクないんだ！」とまた言われたので、「本当に、どこに行ったんですかね、マスク！ 困りますよね！」と勢いよく返答したら、「そうだよな。どこに行ったんだか」とおとなしくしてくれたと言います。

怒っている相手に「そんなこと言ったって、マスク、ないものはないんです！」と怒りで返してはトラブルのもとですが、怒っている勢いにペーシングするのは有効です。「すみませんでした……」と静かに言うより「すみませんでした！」と勢いよく言ったほうが、無意識の相手のペースに合っているので、相手も知らないうちに、心を開いてしまうのです。

このように好かれる人はポジショニングから話し方まで効果のある謝罪の仕方を複合的に活用しています。反対に、嫌われる人は、自己流、その場しのぎの行き当たりばったりの謝罪で終わっています。

謝罪は効果のあることを複合的に取り入れる！

72

適切に自己主張する

Aさんはとっても親切で我慢強い人です。相手から言われて嫌なことでも、ついつい「自分が我慢すれば丸く収まるから」と考えて我慢します。

企業研修でも多く取り入れられるアサーショントレーニングは、自分も相手も大切にしながら自己主張・自己表現を行うためのコミュニケーションスキルです。3つのタイプに分類されますが、Aさんの場合はノンアサーティブ（非主張タイプ）です。

①アグレッシブ（攻撃タイプ）ジャイアンタイプ

②ノンアサーティブ（非主張タイプ）のび太君タイプ

③アサーティブ（適切な自己主張ができるタイプ）しずかちゃんタイプ

ドラえもんに出てくるキャラクターに置き換えられることも多い3タイプです。

例えば、ジャイアンは「俺のコンサートに来い！来ないとぶっとばすぞ！」と相手のことはお構いなしに、攻撃的に自己主張をするアグレッシブタイプです。一方のび太君はジャイアンのコンサートに誘われて、内心は嫌だけど「いいよ。行くよ」と自己主張しないノンアサーティブタイプです。しずかちゃんは「ジャイアン、誘ってくれてありがとう。

せっかくだけど、これから塾があるから行けないの。ごめんなさいね」と**相手も傷つけず、しっかり自分の主張もする**アサーティブタイプです。

自分のタイプを知るための質問をします。

駅の定期券売り場で長蛇の列ができていました。並んでいるあなたの前に、順番を守らない人がいました。あなたは次の3つのうちどんな反応をしますか?

①「横入りするな! 後ろに並べ!」と怒って順番を守らせる

②内心は嫌だなと思いながら、何も言わず我慢する

③自分が先に並んでいたことを丁寧に伝え、後ろに並んでもらうようにお願いする

①を選んだ人はジャイアンタイプ。②はのび太君タイプ。③はしずかちゃんタイプです。

日本人に多いのび太君タイプ。先ほどのAさんもそうですが、ずっと**自分の主張を我慢しているとストレスがたまります。**そして、我慢の限界がやってくると爆発して、相手との関係を断つという究極の方法を選んでしまいます。だから相手も自分も大切にしながら、しっかり気持ちを伝えていく人が良い関係を築いていけるのです。

我慢は時限爆弾を抱えてしまう!

73 苦い言葉を甘く味つけする

相手も自分も大切にして、アサーティブに自己主張する重要性について、先ほどお伝えしました。Aさんはアサーティブに自己主張することで自分のストレス軽減と職場での円滑なコミュニケーションを維持しています。そこに転職してきたBさんは、営業成績は良いのですが、周りの人に対する物言いがキツイ人でした。

「その書類まだできてないの？ 遅い！」

など、パートさんに対しての言葉づかいも横柄です。

ある日、Bさんの対応が気になったAさんは、

「Bさん、忙しいのはわかるのですが、もう少し優しく指示することはできませんか？ うちの職場はお客様の出入りも多いし、社長でさえ誰に対しても丁寧な言葉で話すのが社風です。Bさんは普段明るいし、営業成績も良いので、その話し方はもったいないですよ」

と注意をしました。するとBさんも、

「そんなことを教えてくれるのはAさんだけです。これから気をつけます」

と言ったのです。Bさんが内心どう思っているかはわかりませんが、その後、職場でB

さんはキツイ言い方をしなくなり、パートさん達も伸び伸びと仕事ができるようになりました。もちろん、職場でのBさんの反応が気になっていたAさんのストレスも減りました。

Bさんの自己表現はアグレッシブで相手を傷つける表現がいつも含まれていました。これでは、いくら仕事ができても嫌われてしまいます。そして、その**攻撃的な話し方で職場の雰囲気も悪くなります。**パートさん達は、社員のBさんに対する遠慮もあり、なかなかやめてくださいとは言えず、ノンアサーティブの状態が続き、ストレスをためていました。

Aさんのように相手が言葉を受け入れやすい表現にして伝えることが大切です。子供に「苦い薬を、病気が治るから飲みなさい」と言っても飲みません。甘いジュースに薬をまぜて飲みやすくすると飲んでくれます。大人も同じです。**正論を振りかざすだけでは、苦い薬をそのまま飲めと言っているのと同じ**です。受け取りやすい言葉にするから、相手に届くのです。苦言には甘い味つけが必要なのです。

相手が受け取りやすい言葉に変える！

74 相手のミスのみを正す

部下の作った書類が間違っていました。あなたなら何と言いますか？

Ａ「何回言ったらわかるんだ！　お前はバカか！」

Ｂ「ここの計算ミスは良くないね。正しい数字に訂正しておいてください」

パワハラ、セクハラなどハラスメントについて問題になる昨今は、さすがにＡのような物言いをする方は、減っているかもしれません。

しかし、『部下が変わる本当の叱り方』（明日香出版社）の著者の吉田裕児さんは、会社の出世頭で仕事にのめり込むあまり、「なんでできないんだ！」「使えない奴らだ」と部下を叱り飛ばしていたら、部下が失踪してしまい、ご自身も左遷されました。

また、私が社長がいつも社員を怒鳴っていた会社で働いていたときは、同僚や先輩が何人も突如、音信不通になり会社を辞めました。

叱り方を間違えると人を追い詰めるのです。

Ａは人格否定している叱り方です。これでは部下の自己肯定感も下がり、自信をなくすだけで、仕事の効率も上がりません。

計算を失敗したのは行動レベルです。だからBのように行動レベルだけを叱れば、行動についてのみの指摘で、人格を否定することもありません。

昔の人は「罪を憎んで人を憎まず」と言いましたが、まさに叱るときも**「行動は叱るが、人格は否定せず」**が基本です。

相手の自己肯定感を傷つけることなく、ミスについてのみ注意すればすみます。

子供の勉強を親が見ている場合でも、「こんな問題もわからないのか。お前は本当に頭が悪いな」と言えば人格否定です。

子供がつまずいたのは、能力の部分です。「この問題がわからないんだね。解き方はこの本を見るといいよ」など、能力部分の確認や助言をすればすみます。人格を否定する必要はありません。**叱るときは、相手の失敗したレベルを意識して注意すればいい**のです。

人格否定は絶対しない！

75

相手に合った靴を履かせる

遠くまで速く走るためには、自分の足に合った靴が必要です。サイズが小さくては、足が痛くて速く走ることができません。あなたが監督で、陸上の選手に速く走ってもらいたいなら、あなたの足に合った靴ではなく、選手の足に合った靴が必要です。

しかし、仕事になると自分の靴を相手に履かせようとする人がいます。

Aさんはとても細かい性格で、封筒の開け方から、戸棚にしまうファイルの向きまで自分と同じでなければ気がすみません。それができない人にはガミガミと注意をし、自分のルールを押しつけようとするのです。

Aさんは細かいので、自分も細かいことを1から10まで教えてもらい、覚えるのが好きなタイプです。だから、人にもそれを押しつけてしまうのです。それが常識だと信じて疑いません。これは、相手が目標だけ与えられて、自分なりのやり方で仕事を進めていくことが好きなタイプだった場合、地獄です。嫌気がさして作業効率も上がりません。

「自分のして欲しいことを相手にもしてあげなさい」。小学校の先生がよく言う言葉ですが、これは一歩間違えると、Aさんのように自分の靴を相手に履かせる行為になりかねません。

靴が窮屈ではどんなに俊足なスプリンターでも速く走ることはできません。これでは、相手の能力を殺し、反感を買って終わりです。

一方、Bさんは、**部下のタイプによって接し方を変えます。**部下が使いやすいソフトを導入し、クリエイティブな仕事が得意でも、細かい作業が苦手な部下には、その細かい部分をフォローします。そして、大きな目標だけを与え、自由度高く動いたほうがパフォーマンスが上がる部下には、そのように指導します。

結局このほうが部下の効率も上がり、上司であるBさんの仕事もはかどり、社内の評価も上がります。

相手に合わせて手法を変えられる人は、相手の反感を買わず、相手の能力も引き出せるので好かれます。自分の靴で相手に無理に走らせるのはケガのもとです。

リーダーになる人は「相手の足に合った靴を探す＝相手が能力を発揮できるやり方を探す」ことができる人なのです。

自分のやり方に固執しない！

76 自分のあり方を常に意識する

アメリカの偉大な政治家だったベンジャミン・フランクリンは**「どんな愚かな者でも、他人の短所を指摘できる。そしてたいていの愚かな者が、それをやりたがる」**と言っています。欠点をあげ連ねるのは簡単です。

ある職場で人のミスや揚げ足を取ることに必死な人と一緒に仕事をしたことがあります。人に対して、「だからー」と言ってから指示したり、「〇〇してください！」「こんな案を出してくるなんて、信じられない！」など常にキツイ物言いで、自分の意に反することは許さない人でした。その人が、社内でアサーションとソリューション・フォーカスト・アプローチ（解決志向短期療法）の講座をするというのです。

私は腰を抜かすかと思うほど驚きました。普段自分ができていないことを人に教えるのです。英語が話せないのに英語の授業をするようなものです。これはやり方（Do）だけ教えて、あり方（Be）は関係ないと思っているからできるのです。

しかし、40項で述べたガンジーの砂糖の話のように、本当の意味で人に影響力を与えるのはあり方（Be）です。あり方とは生き方です。**その人の考えがすべての行動に出てし**

まうのです。ガンジーやマザー・テレサなどの聖者と呼ばれるような人の前に出ると、私達は何も言葉がなくても癒やされると言われています。聖者が人を裁かず、愛を持って接するというあり方（Be）があるからです。

やり方（Do）だけを知っていても、あり方（Be）を実践していなければ人に影響力を与えたり、変化させたりすることはできません。

ソリューション・フォーカスト・アプローチは、相手を責め立てたりせず、問題ではなく解決に視点を向ける心理学です。それを普段していないのに、人に伝えることはできません。やり方を知っていて、テキストで学問をその通り伝えれば、伝わると思っているのは愚かなことです。

相手の遅刻を注意するなら、自分が毎回定刻に出勤していなければ説得力はありません。いつも問われているのは生き方なのです。

実践できてないことを教えてはならない！

77 はじめる前に頭にアンテナを立てる

好かれる人は、無意識（潜在意識）の力を理解して、自分のパフォーマンスを上げています。パフォーマンスが高いということは、行動が速い、仕事が速いということですので、周りから頼りにされます。

では、どうやってパフォーマンスを高めているのでしょう？

好かれる人は頭にアンテナを立てています。例えば、何も考えずに電車に乗れば何も特別なものは見えません。でも、乗る前に目を閉じて「赤いもの」と心で思ってから、目を開けて電車に乗り込んでみてください。すると、乗った瞬間に赤い服、赤いカバンなど、あらゆる赤いものが目に飛び込んでくるはずです。脳に一度命令しただけで、赤いものを瞬時に探し出してしまうのが無意識です。

これは検索エンジン機能に似ています。検索エンジンに「コミュニケーション」と入力するとコミュニケーションに関する情報が引っかかってきます。しかし、何も入力せずに検索ボタンだけを押すと何も見つかりません。

例えば、本を読むときも「この本から仕事に使えるアイディアを探そう！」と読む前から頭にアンテナを立てたほうが、情報源が飛び込んできます。

アンテナを立てるとは目標を立てることです。これは、会議でも勉強会に参加するときでも同じです。自分がその会が終わるまでに、どんな結果が欲しいのか？　どういう状態になっていたいのか？　というゴールを明確にすることが目標を立てることです。会議でも勉強会でも、参加者や講師に任せていればなんとかなると、人任せにしていては得るものがありません。アンテナを立てると、当事者意識を持つことができます。**当事者意識のある人は、仕事や物事に責任感を持って主体的に関わるので好かれる**のです。

嫌われる人ははじめにアンテナを立てず、当事者意識もないので、欲しい結果が得られないのです。あるトップセールスマンははじめてのお客様と会うときは「次に会う人は、自分のどんな運命の扉を開いてくれる人なんだろ？」とワクワクすると言います。「自分の運命の扉を開く＝チャンスをくれる」人に出会うという「ゴール＝アンテナ（目標）」を立てるから、相手の中から自分のチャンスにつながるような要素を見つけられるのです。

あなたの立てたアンテナに向かって情報もチャンスも集まってくるのです。

何かをするときは目標や目的を持つ！

78 目標も声がけも肯定的な言葉を使う

目標設定するときに「人前で緊張しないようにしたい」「仕事でミスしないようにしたい」という設定の仕方は危険です。なぜでしょう？

実験してみましょう。目を閉じたら、絶対にペンギンをイメージしないでください。白と黒の足が短く氷の上にいるペンギンを絶対にイメージしないでください。

どうでしょうか？頭の中はすでにペンギンでいっぱいではないでしょうか？脳は「〜しないように」という否定語を理解できないのです。そして、脳はイメージしたものを実現しようとする性質があります。だから「緊張しないように」と言うと、頭の中で緊張している自分を思い浮かべてしまいます。すると、過去に体験した緊張した場面が思い浮かんで、気持ちも体もどんどん緊張してしまうのです。脳はイメージしたものを実現しようとするからです。

目標を立てるときは肯定的な言葉で立てることが重要です。「人前でリラックスして話せるようになる」「仕事で成功するようにしたい」などです。**避けたい状態ではなく、なりたい状態がイメージできる言葉選びが大切**です。すると目標が達成されやすくなります。

これは人に対する声がけでも同じです。母親が仲良く遊んでいる子供達に「2人とも喧嘩しないようにね」と声がけをした途端に2人の子供がおもちゃの取り合いをはじめたことがありました。子供達の頭に喧嘩しているイメージが浮かんだからです。声をかけるなら「2人で仲良く遊んでね」と肯定的に言うのがポイントです。

あるお母さんは子供に「廊下を走らない！」と否定語で話していたのを、「ゆっくり歩いてね」と肯定的に話すことで、自分も怒らずにすむようになったと言います。親がしつけのために、子供に7歳までにかける言葉の7割は否定語だと言われています。幼い頃から慣れているだけに、私達が肯定語で話すのは意外に難しいものです。そして、言葉がけの場合、否定語を使うと高圧的で上から目線の印象を相手に与えます。ビジネスでも否定語を使うと、肯定語を使う場合より指示命令されていると強く感じます。

好かれる人は、**否定語を使うと相手のモチベーションを下げ、不安感を高める**ことを知っています。だから、肯定的な言葉を使い、相手の気分を良くして、期待感を高めます。すると、他者から好意を持ってもらえるのです。

否定語を使うと行動がそちらに引っ張られ、気分も沈む！

79 じゃんじゃん失敗する

世界的なブランドを作ったココ・シャネルは**「失敗しなきゃ、成功しないわよ」**と言っています。NLPでは「失敗はない、フィードバックがあるだけ」と考えます。発明王のエジソンも同様のことを言っています。「失敗ではない。うまくいかない方法が1つわかった。〝成功〟だ」と。

極端に失敗を恐れて行動しない人は、挑戦しないことで自分のプライドは守れるかもしれません。でも、成功する機会も失っています。

スクール経営者のAさんは独立当初、チラシに「4月開講！」と大きくタイトルを書いて数百枚のチラシを作成してポスティングしました。もちろん、そのチラシで入校者は集まりません。その後も、大金をはたいて新聞広告を出しましたが一人も集まりません。危機感を覚えたAさんは、本格的にマーケティングの勉強をはじめ、在校している人の喜びの声などを載せるなどの工夫をしました。

すると入校者を集めることに成功して、現在は経営も順調です。Aさんは失敗したからこそ、マーケティングを勉強しないと集客はできないというフィードバックが生まれたのです。しかも自分の失敗談を起業したばかりの人達に話して、笑いを取って勇気づけています。

失敗するメリットは、うまくいかない方法がわかる（フィードバックが生まれる）、人の痛みがわかる、経験が増え自分の幅が広がる、笑い話が増えることです。だからたくさん失敗した人は魅力的なのです。

仕事でミスをしないように完璧を目指している人は、失敗すると他者から見捨てられるのではと恐れている可能性があります。しかし、実際は**「しくじり効果」で完璧な人より、欠点がある人のほうが、好感を持ってもらえる**のです。だから、人から好かれたければ、じゃんじゃん失敗することです。

目標に向かって挑戦したからこそ大きく失敗するのです。失敗は挑戦した証。成功という字を顕微鏡で見ると、小さな失敗が集まってできていると言われるのはこのためです。

成功は失敗からできている！

80 失敗ができる環境を作る

同じ金融業界で部下の営業成績のアップを期待されたAさんとBさん。

Aさんは毎週、会議で、目標に達しない部下には「何やっているんだ！ ちゃんとお客様をフォローしているのか？」と叱責します。当然、部下達のモチベーションは下がり、成績は伸びません。

一方、Bさんは部下達に「今月、お客様に一番多く断られた人はランチを奢《おご》るよ」と言いました。すると部下の間で、「俺、今月はまだ10回しか断られてないな～」「もう20回断られたの？ いいな～」という不思議な会話が生まれ、競ってお客様にアポイントを入れるようになりました。

ポイントは、「契約を一番取れた人＝営業成績1位の人」ではなく、「お客様に一番多く断られた人＝お客様に一番多く会いに行った人」にランチを奢ることです。

営業の仕事は、成績UPやチャンスを摑むためにも、多くの人に会うことが不可欠。そこで壁となるのは、「断られるのが怖い」という心理です。だからBさんは部下に、ゲーム感覚で断られることに対する免疫をUPさせたのです。これは、心理学では**「脱感作法」**

と呼ばれ、苦手な状況に何度も触れるうちに、気持ちが慣れて、苦痛が軽減するのです。結果、部下達の行動数が増え、成績が伸びたのです。一方、Aさんの部下は契約に失敗すれば叱責されるため、断られるのがますます怖くなり、行動できません。

私の研修では、会場で物を隠し、被験者1名に発見してもらうワークをします。会場内の大勢の参加者には、1回目は被験者が隠したものに近づくと拍手、2回目は被験者が物から離れると拍手をします。1回目の拍手は「いいぞ、その調子」と感じる拍手。2回目は「はい！失敗」とダメ出しに感じる拍手です。2回目は被験者は他を探そうと一歩踏み出すたびにダメ出しの拍手が来るので、どうしていいかわからなくなり、すぐに動けなくなります。

失敗を許されない環境では人は行動できないのです。スランプの相手は責めず、失敗できる環境を作り、ゲーム感覚で乗り切る軽やかさが大切です。それができる人が好かれるのです。

失敗を責めない！

81 信頼していると伝える

人が変化するときってどんなときだと思いますか？　誰かに変わって欲しいと願ったことはないでしょうか？　実は、人が変化するときには、「あなたならできる！　大丈夫」という絶対的な承認が必要です。ＮＬＰでは**「スポンサーシップ」**と言い、行動だけではなく、相手の自己認識レベルまで、まるごと認めることを指します。

美術系の大学やデザインの専門学校で学んだこともない私が、短大卒業時に目指したのはデザイナーでした。働きながら通えるデザイン学校に行き、その後なんとか広告代理店にアルバイトとして採用されました。雑用からのスタートです。徐々に任される仕事は増えましたが、大きな枠のデザインはチーフデザイナーが作っていました。

ある日、営業さんがある企業のロゴのデザインの仕事を取ってきました。いつもならこれはチーフの仕事です。だから営業マネージャーは「チーフデザイナーが空くまで、そのロゴの仕事、ちょっと納期待ってもらったら？」と言いました。しかし、その営業さんは「いや、この仕事、藤本ちゃんにやってもらいます」と言ってくれたのです。

会社としては、心配だったようで、結局チーフと私の2人で1案ずつ、ロゴを作ることになりました。美術系大学を出て、広告業界で経験を積んでいるチーフがサラブレッドだとしたら、私は専門的な勉強も経験もないロバです。このレース誰もが勝負が見えているようでした……。

でもその日から、私は毎日ロゴの本でデザインを徹底的に研究しました。ロゴを何個も作って、休みの日に友達にどのデザインがいいかを聞いてまわりました。

結果、採用されたデザインは、チーフではなく、私のデザインでした。このときの私に、チーフを上回るようなデザイン力はありませんでした。

では、なぜそのとき私が高いパフォーマンスを発揮できたのでしょうか？　それは、あの営業マンの承認（相手を認めること）があったからです。力のない私に対して、「大丈夫。できる。任せる」と**大きな信頼を寄せてくれた人にどうしても、応えてみたくなった**のです。

人が変化するとき、そこには自分の身を大きく上回るような信頼感や安心できる場があるのです。**本当に人が変化するのは、あなたが「この人ならできる」と相手の深い部分にあなたの言葉や想いが届いたときだけ**です。好かれる人はそれができます。

期待感を相手に持たせる！

82 わかりやすさを追求しない

以前、料理教室で初心者におばあちゃん講師を招いて「おふくろの味」を教える番組が放送されました。筑前煮などの料理をおばあちゃんはすべて目分量で作ります。しかし料理教室の講師からは、「料理の初心者に目分量はわかりにくい」という意見が出ました。最終的に、事前に調味料の量を計り、残りの分量から使用量を割り出し、生徒に伝えることになりました。

でも、わかりやすいということは、自分で考えなくてもいいということです。**「わかりやすさ」を求める人は、度を越すと自分で考えることを放棄して依存的になります。**細かい情報を丸暗記する教育はマニュアル人間を作ります。企業が欲しがる、自分で考えて行動できる人は、マニュアルに従うことが苦痛です。与えられた情報を自分なりに解釈し、アレンジして応用することが得意だからです。

脳研究で知られる池谷裕二氏は、進化した動物ほど、写真に撮ったような精密な記憶力でなく、曖昧で抽象的な記憶力になると述べています。

鳥のモズは、「モズのはやにえ」と言われる、捕まえた昆虫を木に生贄《いけにえ》のように刺しておく習性があります。しかし、記憶力が精密すぎて、葉が1枚でも散ると同じ木と気づかず、餌にありつけません。

曖昧で抽象度が高い人間の脳は葉が1枚散っても、同じ木が認識できます。だから人の表情が変化しても、同一人物だと認識できるのです。**記憶で大切なのは正確さではなく、曖昧さです。**自然界でも、ビジネスでも、１００％同じ状況は起こりません。だから、１００％丸暗記するのではなく、普遍的な共通点を見つけ、対処できるものだけが生き残るのです。

手取り足取りわかりやすく教えてもらうのは、一見良さそうでも、応用力がつかないのです。有名広告代理店では、新入社員研修を長く行った年と短く行った年では、短い年のほうが最初の失敗は多いものの、柔軟性が高く営業として長続きしました。

細かくマニュアル的に教わらないことで、現場で起こる出来事の共通点を無意識に探し、対処することができるのです。抽象度高く物事を捉え、自分で行動できる人がビジネスでも活躍し、人からも好かれます。

自分で考える力を鍛えよ！

83 丸写しするメモから卒業する

上司や先輩に呼ばれたら、メモとペンを持って指示を受けます。メモをすることで、「私はあなたの話を真剣に聞いています」という姿勢を伝えられます。できるビジネスパーソンはメモを取ることでお客様の話を聞き漏らさないようにし、**あなたは私にとって重要な人物ですと示し、相手に満足感を与えます。**

「今の一言、メモしていいですか？」とメモを取り、相手に重要感を与えて、心の距離を縮めることができる人は好かれます。人は自分に一番、興味関心があるのです。相手が話す言葉は、相手の価値観そのものです。だから、相手の言葉をメモすることは、相手の価値観や、その人自身を大切にすることなのです。

一流のホテルマンやハウスメーカーのトップ営業マンは、お客様との契約書を作成する際は、モンブランの高級万年筆を使用します。大切なお客様の重要な書類であることを、無意識に相手に伝えるためです。だからお客様から好かれるのです。

私は研修でたくさんの人のノートを拝見する機会があります。コミュニケーション能力が高く、自発性の高い人は、ホワイトボードを丸写ししません。自分の気づきや関連する事項をメモしています。与えられた情報を鵜呑みにするのではなく、感じたことを書いて内省しているのです。内省すると、物事を多角的に見て、情報を取捨選択し本質を掴む力がつきます。すると仕事で大切なことや、相手が求めるサービスもすぐに察知できます。

内省するためには、書き出し、可視化し、客観的に考えることが重要です。

また、**手書きのメモは人の心を掴みます。**パソコンで出力した文字と違い、人の温もりを感じさせるからです。心理学では、女性は特に人のぬくもりを感じるものが好きだと言われています。これは太古の昔、男性は狩りで獲物を捕ることができ、女性は村で人と仲良くできるほうが生き残れたからです。だから女性向けのカフェのメニューは黒板に手書きで書かれているのです。

好かれる人は、書類を郵送するときにも、手書きのメモや手紙を同封します。言葉だけではなく、自分の温もりを相手に届ける人が愛されるのです。

メモで成長、メモで温もりを届ける！

84 スーツは戦闘服と認識する

営業マンは必ずと言っていいほど服装と靴をチェックされます。服装に仕事の姿勢が現れるからです。マナーの身だしなみの三原則は①清潔感、②調和、③機能性ですが、スーツや制服を着ると②調和と③機能性はクリアされます。ビジネス上の「おしゃれ」は身だしなみを極めたものです。

スーツの起源は「英国貴族に由来するもの」「軍服から派生するもの」と諸説ありますが、共通しているのは他者への影響力を考えているところです。敬意を装いでも表すことで、人から好かれるのです。

英国紳士は「スーツは自分のためではなく、ゲストをもてなし、職場での品位を保つために着るもの。常識ある行動と気遣いができる証」だと考えています。

ナポレオンは見た目からも敵に威圧感を与えたいと考えていました。しかし、ロシア遠征中に、兵士達が寒さで垂らした鼻水を袖口で拭く姿に立腹し、その行為をできないようにスーツの袖にボタンをつけたと言われています。

このように着るだけで、〝できる人〟という印象管理ができるのが、スーツが戦闘服と言われる所以《ゆえん》です。**しっかりした装いを見ると、人は自分に敬意が払われていると感じ、心を開きやすくなります。**心理的には気持ちが仕事モードになるという利点があります。

カリフォルニア州立大学の心理学部は「スーツを着ると、自信を持ち、物事を広く総合的に見ることができる」という研究結果を発表しました。カジュアルな服装より、フォーマルな服装のほうが、抽象的に物事を捉え、認知プロセスが強化されるのです。

コロンビアビジネススクールの研究では「スーツのほうがカジュアルな服装より、批判に対しても冷静な判断ができる」と発表されています。つまりスーツで外見を整え、「能力を発揮できる状態＝戦える自分」を作ることができるのです。

コロナウィルスの影響で、在宅勤務が増えて、やる気が湧かないという方も多いですが、女性管理職のＡさんは**在宅勤務の際でも仕事用の服装に着替える、化粧をするということを徹底してモチベーションを保っています。**

好かれる人はスーツを戦闘服として利用し、嫌われる人は単なる仕事着として認識し、活用できていないのです。

スーツの良さを最大限にいかす！

85
断られてもがっかりしない

あるトップセールスマンは、営業に行って断られても、お客様から紹介をもらえます。「本日聞いていただいたお話が役立ちそうな、お知り合いの方を紹介してもらえませんか？」と必ず声をかけるのです。もちろん、すぐに紹介してもらえるとは限りません。何かあったときに、「そう言えば……」と思い出してもらえるように、お客様の頭にアンテナを立てるのです。**だからできるビジネスパーソンはお客様に断られたからといって、がっかりしたり、急に態度がよそよそしくなったりしない**のです。今だけではない、ずっと先の目標を見ているからです。

一方、嫌われるビジネスパーソンは断られるとがっかりします。

私が引っ越し先の物件を探していたときのこと。不動産会社の営業マンと一緒に物件をいくつか見に行きましたが、希望条件が合いません。その営業マンは物件を見に行く前はニコニコと感じが良く元気な雰囲気でしたので、後日違う物件を紹介してくれたらこの不動産会社で決めてもいいと思っていました。しかし、今回は良い物件がなかったことを伝えると、その営業マンはがっかりし「見た物件から、今日決めてもらえないですか？」と言うのです。聞くと、上司からその日のうちに仮押さえするように指示されているそうです。自分の手の内、弱さをさらけ出してのお願いでしたが、お断りさせていただきました。

心理的にも目標を達成するためには**「メタアウトカム**（目標の上の目標）**」**が重要だと言われています。例えば、進学校では京都大学合格を目標（アウトカム）とする生徒は、さらに難関の東京大学を目指して（メタアウトカム）勉強します。すると万一、東京大学が不合格となっても、京都大学には合格しやすくなります。

できるビジネスパーソンは目標（アウトカム）は契約してもらうこと、さらに上の目標は（メタアウトカム）紹介をもらうこととしています。もともと、紹介をもらうことをメタアウトカムとしているので、契約ももらいやすくなるのです。だから、断られてもがっかりすることはありません。

好かれる人はお客様に断られても、仮に紹介がなくても、何か次につながる可能性があるかもしれないといつも先を見ているので、がっかりしたり、態度が悪くなったりしないのです。

目標を高く持つ！

86

相手の困りごとを聞く

以前、ワインの試飲会でご一緒した生命保険のセールスマンは、ワインに詳しいノリの良い方でした。後日、お会いしたいとお電話をいただいたので、「どういった御用ですか？」と聞くと「自分の扱っている保険の話をさせて欲しい」と言うのです。これは0点の接触です。

人は売り込まれるのが嫌いです。営業マンと聞くだけで、人は隙あらば売り込まれるのではと警戒します。それなのに最初から売り込みをはじめるのはNGです。

同様に、生命保険会社に転職したばかりの知人が、転職した途端に、メールで「自分の扱っている保険は良いので、そのお話もしたいのでランチでも」と頻繁にメッセージが来るようになりました。これもランチをしたいのではなく、商品を売り込みたいのが見え見えです。

学生時代には、親しくない高校時代の同級生が急に電話をかけてきて、「矯正下着で痩せた。絶対に良い商品だし、久しぶりに会いたいからお店に来ない？」としつこく誘われたことがあります。完全なネズミ講です。私は「同じパンツを穿いてないと、仲良くできないような友達はいらない」とお断りしました。

会いたい気持ちより、売りたい気持ちのほうが上回っているようでは、うまくいきません。トップセールスマンの友人は、決してそのようなことを言いません。次のアポイントを取るときも、「先日、お話を聞かせていただいて、もっと○○さんのお仕事の話を聞かせていただきたいと思いまして」と、まず相手を知ることからはじめます。そして、親しくなって、お客様の悩みを聞くうちに、そのお客様に最適なサービスを提案して喜ばれています。

まずは、**相手を知り、相手の役に立とうという姿勢が大切**なのです。

人には**「連合の法則」というものがあります。人は嫌いな人からは商品を買いません。**

あなたが嫌われたら、あなたの商品・サービスも嫌われ、あなたが好かれれば、あなたの商品・サービスも好かれます。

相手の役に立とうという意識を常に持つ！

87

相手の相談役になる

ＮＬＰでは自分のことをどう思っているかで、考え、行動、自分を取り巻くすべての環境が変わってくると言われています。

自分のことを「売る人」だと思っている人は、強引なセールスをして、周りに嫌われます。これは自分で意識して選んでいるわけではなく、無意識に切り替わってしまうのです。

例えば、私の知り合いのＡさんは生命保険のセールスをはじめた途端に「売る人」という自己認識になって、今では営業のメールしか送ってきません。

でも、その人に悪気はありません。ご主人の収入が半減してしまい、子供の学費などを稼がなくてはいけないという気持ちも重なり、転職した会社で何がなんでも売らなければならないと意気込んでいるだけなのです。

でも、いつも売り込みばかりしていると、自分から人が離れていきます。

一方Ｂさんは、自分はお客様の相談役だと思っています。

だから、自分は究極のお節介業をしていると普段から話しています。毎日人と会っていましたが、コロナウィルスの影響で対面でお客様に会えなくなっても、電話で困りごとがないか聞いて回っています。だからお客様から頼りにされて、営業成績も並外れているのです。

自己認識で「自分＝売る人」と思うか「自分＝お客様の良き相談相手」と思うかは、「あり方」です。

どんなあり方を選択して相手に接するかで、あなたの価値観、能力、行動、環境のすべてが変わります。自動的に「売る人」という自己認識を選んでいないか、注意することが大切です。

「売るだけ」の意識を捨てる！

88 商品ではなく、お客様に詳しい人になる

大人になってから、子供用のカレーを食べると甘くて食べられません。スパイシーな味のカレーに慣れているからです。

でも、子供は甘口のカレーでなければ食べることはできません。口に合わないものは食べられないのです。同様にセールストークもお客様のニーズに合っていなければ、買ってもらうのは不可能です。

例えば青汁を若い女性に販売するなら、美容に良い、肌がきれいになる、便秘が治るなど、相手に響く言葉選びが大切です。

もし、青汁を高齢者に販売するなら、健康に良いという部分を伝えるほうが有効です。でも真面目にマニュアルだけを見ていると、相手を見ることを忘れてしまいます。すると、高齢者が相手なのに、若者にするようなセールストークをしてしまいます。これでは、見当はずれの提案をしてお客様から「売りつけられた」と思われ、嫌われる原因になります。

セールストークの基本は、相手の悩みである、不便、不満、不安の**「不」を取り除く提案をするか、期待に応える提案をするか**です。

先ほどの青汁の例では、便秘が治るが不安解消、肌がきれいになるは期待に応えています。相手が変われば、悩みや期待も変わります。

ビジネスで大切なのは、商品知識ではなく、人を見抜く力です。どんな提案が一番相手の心に響くのかを理解しなくては、商品を売ることはできません。

人は商品に詳しい人からではなく、自分に詳しい人から買いたいのです。誰もが自分に一番関心があるのです。だから、いかに商品とお客様のニーズを結びつけられるかが肝心です。

そのためには、早々に売りつけるのではなく、お客様について十分知る必要があります。

相手のニーズを知り、相手の「不」を取り除き、期待に応える人が好かれるのです。

相手の悩みと期待を知る！

第7章

ストレスフリー編

89

感情をハッキリ表に出す

最近、遠吠えしてますか？ 犬は自分の感情を遠吠えという形で表現します。

人間にもいろんな感情が生まれます。喜び、怒り、悲しみ、楽しさなど。どんな気持ちも同じようにあなたの大切な気持ちです。多くの人は「喜び」はいいけど、「怒り」「悲しみ」は表現してはいけないと思っています。しかし、これらの感情は生理現象と同じです。喜びが良くて、怒りがダメではないのです。

生理現象で、「お腹がすくのはＯＫ」で「トイレに行きたいのはダメ」ということはありませんよね？ どちらも自然に湧き上がってくるものです。だから、感情を無理に抑え込んでも湧いてきます。便意を我慢すると病気になります。感情も抑え込んでいると病気になるのです。

交流分析では本物の感情として、「喜び」「悲しみ」「怒り」「怯《おび》え」の４つをあげています。主に、怒りは現在、悲しみは過去、怯えは未来の問題を解決するために適切に表現する必要があるとされています。

例えば、誰かに腹を立てたとき、怒鳴って暴れるのは問題ですが、「やめてください！」

と怒りを伝え、相手にその行為をやめさせれば問題は解決します。愛想笑いでごまかすと問題は解決しません。気持ちはモヤモヤするだけです。

愛情飢餓感が強い人は、好かれようと自分の感情を完全に押し殺して相手に合わせます。

我慢しすぎて、爆発したり、鬱状態になることさえあります。感情を隠すとき、人は不安で不自然になります。本心が触れ合わないままでは、人から愛されません。**人はその人らしさに惹かれる**のです。自分らしく感情を出すことは、傍若無人に振る舞うことではありません。公園で日向ぼっこするように、心がありのままで、くつろぐことです。

どうしても相手に本物の感情を出せないときは「そりゃ、腹も立つよね！」と自分の感情を認めましょう。「こんなこと思ってはダメ」と抑え込まないことです。

人間の遠吠えと言われるカラオケやダンスなどの非言語表現で感情を出しても、癒やされます。

感情は生理現象、外に出そう！

90
気持ちの切り替えができる

今ここを生きる。 これは心理学の世界でも、仏教や瞑想の世界でも大切にされる考え方です。幸せに生きるために必要です。私達は過去に起こったことを悔やんだり、悲しんだりしているとき、今にいません。未来のことを心配しているとき、今にいません。

今を生きるということは、1秒ごとに移り変わるその瞬間、瞬間に生きるということです。私はティック・ナット・ハン師のマインドフルネス瞑想が好きで、仲間と一緒に行っています。マインドフルネスとはまさに今ここに集中することです。

ベトナム戦争の真っ只中、ハン師と弟子達は戦争被害者の救済活動に尽力しました。あるとき、ハン師と弟子が食事をしていると、弟子が「こんなに人が死んでいるのに、飯なんて食っている場合か！」と怒鳴りました。するとハン師はその弟子に「うどんの味は美味しいか？」と質問したのです。

これはまさにマインドフルネスに立ち返るための質問です。戦争という悲劇の中で、さっきまで死体の山を見てやりきれない気持ちでいても、過ぎ去った一瞬に留まり悲しんだり、怒るのではなく、今に集中する。食事をしているならその瞬間に集中することで、心の平穏を保つのです。**自分の心が平穏でなければ、人に慈しみを分け与えることなどできません。**

今ここに生きているとき、悩みはなく至福でいられます。修行僧のようなマインドフルネスができなくても、クヨクヨしない人は感情に引きずられることなく、今に集中するのが上手です。

気持ちの切替がうまいAさんは、会社でどんなに嫌なことがあっても、一歩会社を出るとそのことを忘れます。ご飯を食べるときは味わうために、しゃべったり、テレビを観たりしません。もちろん、誰かと食事をするときは、食べることより話すことがメインなので話はしますが、一人のときは1つのことに集中しているのです。

GoogleやFacebookなどの世界的企業が、なぜ社員研修にマインドフルネスを取り入れるのでしょうか？　それは瞑想によって怒りや悲しみが減り、集中力が高まり、他者にも優しくなれるからです。何年も瞑想を続けた僧侶は、幸せを感じる部分の左前の前頭葉が発達しています。幸福度が高い人は物事や人に理解と優しさを持って接することができます。だから好かれるのです。

目の前のことに集中する！

91 嫌いな相手のことは忘れる

心が過去や未来に行ってしまうと、私達はどうなるのでしょうか？

例えば、会社で嫌いな人に嫌味を言われて嫌な気持ちになったとします。そのあとあなたはどうしますか？ 自分一人でいろいろと考え込んでしまう方も多いのではないでしょうか？

人は会っていないときでも、その相手のことを考えるとその人に対する気持ち・感情が強化されます。これを心理学用語で**「結晶化」**と言います。

相手は目の前にいないのに、家に帰ってからも、「あんな嫌味な言い方しなくてもいいのに……」と考えるのは、今を生きずに過去に生きています。そして、**繰り返し過去に味わった嫌な感情を思い出すことで、心にダメージを与えています。**

しかも、「なんでだろ？」と考え「きっと私のことが嫌いだから」と答えを出すと**「自己説得効果」**といって、相手に嫌味を言われるより心に強く残ります。相手より、自分の心の影響力のほうが遥かに大きいのです。

例えば、会社に合わない相手がいて、会社に行くと嫌な思いをするかもしれませんが、実際は「明日、会社に行くのが嫌だな〜。〇〇されたらどうしよう」と未来を思い煩うほうが、大きなストレスになります。

前職でいじめられ、再就職先でも同じ目に遭うのではと、面接に行く度に泣いてしまう相談者がいました。私は彼女に「前の会社を辞めたのに、ずっとその嫌な相手に自分の人生を蝕まれているのは辛いですよね。嫌な相手に対する最大の復讐は、その人のことを忘れて幸せになることじゃないでしょうか？」とお話ししたことがあります。

過去の人に今の自分の人生を乗っ取られてはつまらないのです。

嫌な感情が結晶化されるということは、「根に持つ」ことにつながります。すると相手の顔を見ると怒りなどの感情が浮上して、トラブルを起こしやすくなります。さらに、苦い経験が思い出されるような場面では、良いパフォーマンスが発揮できません。

嫌な出来事を水に流し、いつも気分の良い状態でいると、人にも親切にできます。すると人に好かれるのです。

嫌なことを繰り返し思い出さない！

92 イライラ予防にメモを取る

自分のパフォーマンスを上げるためには、メモが役立ちます。

脳は **「ワーキングメモリ」** といって、情報を一時的に記憶することができます。しかしこれは加齢とともに衰え、多くても5～7つぐらいしか覚えることができないという説があります。

しかも、取引先との重要なアポイントと、クリーニングに出した服を引き取りに行くことは、脳の中では同レベルで扱われます。だから、脳にスペースを作るために情報をメモに吐き出すことが大切です。

例えばホワイトボードにたくさんの文字が書かれていて余白が少ししかないと、新たな文字を書きたくても書けなくて困ってしまいます。

同様に脳のワーキングメモリがいっぱいだと新たなことを覚えることができず、ミスが増えます。だから、一旦、メモに取り、不要な情報を頭から取り出すことで、ワーキングメモリの容量を空けることが重要です。ホワイトボードいっぱいに書かれた内容を一旦すべて消すと、新たな文字を書き込めるのと同様です。

好かれる人は、覚えるのではなく、忘れることで、パフォーマンスを上げています。そして、書き出すことで「あれも、これもしなくては」という焦りが消えます。

仕事が立て込んでくると、普段温厚な雰囲気の人でも「あとにしてください！」「今、まだ、打ち合わせの途中です！」と語気が荒くなることがあります。頭の中でやらなくてはいけないタスクが多すぎるのが原因です。

相手に八つ当たり気味に言葉を発しても、忙しくないときに親切に接すれば帳消しになると思っている人がいます。でもやられたほうは嫌な記憶・感覚が長く残るものです。

社内で焦ってイライラすれば、当然評価が下がります。焦らないためにも、メモにやらなければいけないこと、気になっていることなどをどんどん書き出してしまうことが大切です。

頭がいっぱいになると余裕がなくなる！

93 心のステートコントロールをする

仕事ができる人と、人に優しくできる人の共通点は何でしょう？　それは、自分の心の状態が良いということです。どんなに優秀な人でも、心の状態が悪ければ高いパフォーマンスを発揮することはできません。

以前、兵庫県でＪＲの脱線事故がありました。事故を起こした運転手は優秀な方でしょうか？　そうではないのでしょうか？　鉄道会社に入社することも難しく、ましてや運転手になるのは大変難しいことです。つまり、事故を起こした運転手は優秀な方です。では、なぜ事故は起こってしまったのでしょう？　あの日、電車の到着時刻に遅れがありました。当時、電車の発着が遅れると社内でかなり厳しい指導があったと言います。だから運転手は焦っていたのです。つまり心の状態が悪かったので、優秀な能力を発揮できなかったのです。**能力は心の状態に比例**します。

本をいろいろなところに落として、どんな人達が積極的に拾ってくれるか試すという実験をすると、一番拾ってくれたのは、結婚式の帰りの人達だったと言います。

結婚式の帰りの人達は幸せな気持ちに包まれています。つまり気分の良い人が他人にも優しくできるのです。

ＮＬＰでは自分の心身の状態をよく保つことを**「心のステートコントロール（状態管理）」**と言います。

高いパフォーマンスを発揮するためにも、良好な人間関係を構築するためにも心のステートコントロールは不可欠です。ゲーテも「人間の最大の罪は不機嫌である」と言っています。

私はさまざまな心理学を学んできましたが、どの心理学もコミュニケーション能力と心のステートコントロールの２つを高める方法を紹介しています。それだけ私達が幸せに生きるために必要な能力なのです。

「三流の人はいつも機嫌が悪く、二流の人は人に機嫌を取ってもらい、一流の人は自分で自分の機嫌を取る」と言われるのは、一流の人は自分の機嫌が取れるだけの高いステートコントロール能力を持っているということです。

自分で自分の機嫌を取る！

94

感情がさやに収まっている

人間関係でトラブルの多い人は自分の感情をコントロールできない人です。感情をコントロールできない原因はいろいろありますが、1つは自己肯定感の低さです。

自己肯定感とは自分を大切に思う気持ちのことです。**自己肯定感が低いと、ものごとを悪く捉え、傷つきやすくなります。**

例えば、誰かがコソコソ話しているだけで、きっと自分の悪口を言っているに違いないと思ってしまうのです。そうなると周りが敵ばかりに思えてきます。誰かに対して、すぐに批判的なことを言って噛みついてくる人がいます。一見強そうで自信があるように見えますが違います。自信がないのです。サバイバルゲームで生き残りを図るとき、〝やられる前にやる〟という発想がありますが、まさにそれです。自分が攻撃され、傷つけられるのではないかと思い、先に攻撃を仕掛けてきます。

織田裕二さん主演の『椿三十郎』で敵をバッサバッサ斬り倒し、安易に殺生する椿三十郎に対して、中村玉緒さん扮する城代家老の夫人がこう言います。

「あなたは、よく切れる刀と同じです。切れ味はすばらしい。それゆえに刀をサヤに収めず、いつでも切るものを探している。でも、本当に良い刀というものはサヤに収まっているものですよ」と。

同様に、本当に自信のある人は、相手の批判をしたり、噛みついてくることはないのです。他人を見下す人は、一見、強そうで、自信がありそうですが、心理学では**「仮想有能感」**が高いと言います。過去の経験や実績からではなく、他者の能力や価値を低く見ることで生まれる本物でない有能感です。つまり思い込みの自己評価です。

相手の足を引っ張ったり、批判したりすることで、相手の価値を自分の価値より下げ、自分のプライドを守ろうとします。

自己肯定感が低い人は、感情のコントロールができません。自己肯定感が高い人は、人をバカにしません。誰かを貶めて、自分を高める必要がないのです。また、何か気に入らないことがあっても、怒りを全力で振りかざすことはありません。常に自分の感情のコントロールができます。だから好かれるのです。

自分の感情をコントロールする！

95 黒の服ばかり着ない

とりあえず、服は黒を着ておけば無難と思っている人は多いものです。確かに、黒はビジネスでも使える、汚れが目立たないなどの利点も多くあります。

しかし、黒い服を着るとシワが増えます。例えば、女優さんが写真撮影をするとき、周りにはたくさんのレフ板と言われる光を反射させる白い板を使います。これは、女優さんの顔に光を集めて明るくし、シミやシワ、余計な影を飛ばして、顔を白く美しく見せるためです。黒い服を着ると逆レフ板効果が生まれます。顔を暗くし、影を呼び込むからシミやシワが増えたように見えるのです。もちろん、顔立ちや肌の色によって、黒い服を着ても、その影により、シミやシワが目立つというより、彫りが深くなったように感じる方もいます。

でも、心理的な側面からも、黒には注意が必要です。震災などで、精神的なショックを受けた子供が描く絵は白黒になります。トラウマが癒えてくるとカラフルな絵に変わります。また、人はプレッシャーを感じると黒い服を着たくなります。若い経営者が黒色の服を好むのもこのためです。アパレルの販売員をしていたAさんには、お店から毎月の売り上げノルマがありました。店長を務めていたときの彼女のクローゼットの中は、知らない間に黒い服ばかりになっていました。これは**無意識に黒の暗闇で自分を隠し守っている**のです。転職してノルマから解放されたAさんは、さまざまな色の服を着るようになりました。

カラーセラピーでは、「人は本当に幸せになると黒色を欲しなくなる」と言われています。まだ電気がなかった時代、闇夜は道に迷ったり野獣に襲われたりと、死ぬこともあるほど危険なものでした。食べ物や植物も、腐るとき、死ぬときは、茶色や黒になります。喪服も黒です。カラーでは黒は死という意味合いを持ちます。私達が日常でも明るい太陽を求めるように、健全な精神はさまざまな色を求めるものです。**心の健康を保つにはカラフルにバランスよく色を使いこなすことが必要です。**

黒い絵の具に何色を混ぜても黒になってしまうように、黒は誰の色にも染まらない反抗心の色、負けず嫌いな色でもあります。反対に白は、白無垢に使われるように、あなたの色に染まりますという意味があります。譲れない交渉のときは有効ですが、黒ばかり着ていると、威圧的で負けず嫌いな印象・性格になってしまうので注意が必要です。

バランスよく色を使う!

96

自分に合う色を見つける

人は自分の気分が良くないと暗い色の服を選びがちです。ココ・シャネルは、**「気分で服を選ぶのではなく、なりたい気分で服を選びなさい」**と言っています。

カラーで言えば、人を癒やすのは同色療法か補色療法（補色＝反対色）しかありません。気分が落ち込んでいるときに一人で内省し、静かに自分を癒やしていくためにブルーを活用するのは同色療法です。明るい気分で盛り上げて、人と積極的にコミュニケーションを取って立ち直るためにオレンジを活用するのは補色療法です。ブルーとは反対の明るい色です。

失恋したときに聴く曲に似ています。同じもので癒やす人は、悲しい失恋ソングを聴いて、たくさん泣いて失恋から立ち直ります。これはしっかりと今の自分の気持ちを味わい、傷つくことから守るのです。補色療法の人は、反対にもう振り向かないわ！　みたいに前を向いていく失恋ソングのほうが元気の出るタイプです。これは今の状況を打破するために攻めています。あなたはどちらのタイプでしょうか？

心理学でも悲しみからの立ち直り方は大きく分けると2つです。悲しみを味わいつくすか、前向きに考えて元気を出すかです。

プレッシャーから身を守ってくれる黒を着て、嵐が過ぎ去るのを待つ守りの時期も必要です。でも、**前向きな一歩を踏み出して攻める時期は、やはり明るい色で背中を押してもらう必要があります。**

クラブのママは、店の女の子達に「天気が悪い日ほど、明るい服を着なさい」と言います。雨の日に来店するお客様の気分も、店の女の子達も、天気の影響で自然と気分がどんよりしてしまうことを知っているからです。

お客様も、お店に来て、明るく華やかなドレスを着た女の子達が目に飛び込んできたほうが、パッと気分が晴れます。女の子達もドレスにつられて気分が上がるのを狙っているのです。攻めの色使いです。

自分の気持ちを上手にコントロールできる人は、色使いの攻めと守りを上手に活用しています。

色の癒やし効果を利用する！

97

本質を変えずに印象を変える

夏は怪談番組が増えます。私は小学校の頃、怖いけど必ず見てしまう番組がありました。『あなたの知らない世界』と『妖怪人間ベム』です。

『あなたの知らない世界』は視聴者から送られてきた心霊体験を再現する番組でした。『妖怪人間ベム』はおどろおどろしくて、子供にはとっても怖いアニメです。幼かった私は必ず、

①『あなたの知らない世界』は、タオルケットを頭から被って見る。

②『妖怪人間ベム』は、手で顔を覆って指の隙間から見る。

でも、怖いテレビを見るときに毛布を被ったり、手の隙間から画面を見たとしても、怖い話のストーリーやシーンは変わりません。その行為で、少し恐怖が和らいでいる気がするのは、実は **〝人は無意識に本質を変えずに印象を変えている〟** のです。

好きなタレントがテレビに映った瞬間にテレビに近づいたり、好きな曲がかかったときにボリュームを上げたりした経験はありませんか？　それにより、良い気分をアップさせているのです。出来事を変えず、受け取る印象を変えて対処していることは意外と多いものです。ＮＬＰではこれを **「サブモダリティーのチェンジ」** と言います。

人は世界を、五感を通して認識しており、視覚（色や明るさ）、聴覚（音の大きさやスピード）、身体感覚（温度や重さ）を変えると印象が変わります。これをうまく活用するとストレスを軽くすることができます。

テレホンアポインターをしているAさんは、相手に冷たく切られてしまうことがしばしばあり、モチベーションが下がるのが悩みでした。心の印象について聞いてみると、「電話の前に座ると、また断られるのではと思い、目の前が暗い色になってしまう」と言うのです。そこで、「今度電話をかけるときは、自分の好きな色で目の前を明るくしたイメージで行ってみてはどうでしょう？」とアドバイスをしました。それを実行したAさんは、前よりも気分良く電話ができるようになったと言います。

もちろん、うまくいく場合ばかりではありませんが、工夫次第で、苦手な人とのコミュニケーションも少し良い気分で対処できます。気分が良い人が高いパフォーマンスを発揮し、親切にできます。だから、普段から自分の気分を良くする五感の使い方ができる人が好かれるのです。

出来事は変わらなくても印象は変えられる！

98 相手の影響を受けずに高いパフォーマンスをする

NLPでは、人が変化する方法は2つだと言われています。感覚を変えるか、意味づけを変えるかです。

感覚を変える方法の1つがサブモダリティーのチェンジです。

例えば、人参嫌いの子供は、普通に千切りで調理された人参は食べません。でもウサギの形に型抜きした人参は食べたりします。人参という本質・味は変わりないのに、見た目という印象を変えると苦手なものが受け入れられるのです。

Aさんは会社の上司に苦手意識がありました。会社に行く度に、「その髪色は明るすぎるのでは？」「履いているスリッパが傷みすぎてないか？」など、見た目から話し方まで細かな点をチェックされ、小言を言われるので辟易《へきえき》していました。

上司に会うのが苦痛になったAさんは、サブモダリティーのチェンジに挑戦しました。

まず、小言を言う上司に加藤茶さんがドリフターズのコントで被っていたような、ハゲヅラとチョビ髭をつけているようにイメージしました。するとAさんは、笑いをこらえなければいけないほど、上司の小言を聞き流せるようになったのです。

他にもAさんは犬を自宅で飼っていましたが、犬がいたずらをしたら「ハウス！」と叱ると犬小屋に入るようにしつけていました。そこで、その上司からイラッとすることを言われたときは、心の中で「ハウス！」と言い、その上司が遠くの犬小屋に入って小さくなっているのをイメージしました。

すると上司の行為への、嫌さが軽減されたのです。上司の行為そのものは変わっていませんが、Aさんの受け取り方が大きく変わったのです。

心理学の世界では**過去と他人は変えられない**と言われます。**変えられるのは未来と自分だけ**です。相手から影響を受けず、自分がいつも高いパフォーマンスを発揮できると仕事もはかどり、相手にも苦手意識を持たず接することができます。

無意識はガラス張りです。**自分が嫌うと相手にもそれが伝わります。**だから苦手意識を持たず、ニュートラルに相手に接する人が好かれるのです。

相手の嫌な行為を流せるようにする！

99

落ち込んだときほど良い姿勢を取る

落ち込んでいるとき、自分がどんな姿勢を取っているか思い出せますか？ ため息をついたり、うつむき加減の姿勢を取っていませんか？ 実は、その姿勢こそ、あなたを落ち込ませる要因なのです。

表情や身体（姿勢）は心を左右します。それをうまく使って心の状態をコントロールしていくことが重要です。

４００戦無敗の伝説の格闘家ヒクソン・グレーシーは、自分の戦うための潜在能力を引き出すために、火の呼吸という速い呼吸とインナーマッスルを動かすためにヨガのポーズを取ります。身体の強さと心の強さはつながっているので、ヨガを行うことで両方を向上させているのです。

例えば、天井を見上げる姿勢で、悲しい出来事を思い出して、悲しむことができるでしょうか？ スキップしながら辛かった日を思い出して、涙することができるでしょうか？ かなり難しいですよね。

反対に、下を向きながら楽しいことを想像することも容易ではありません。私達は落ち込んでいるとき、知らず知らずのうちに落ち込んだポーズを取っています。だから、落ち込んだときほど、坂本九さんの歌ではありませんが『上を向いて歩こう！』なのです。

私のよく行く陶板浴を経営しているおじさんは「りえちゃん、落ち込んでいるときほど、前を歩いてる人の頭を見て歩かなあかんぞ。下向いて歩いてたらいかん」と言います。これは、心理学的にも理にかなったアドバイスです。

心理学者の春木豊氏が行った実験では、同じ音楽でも、被験者に下向を向いて聞かせると暗くてスローな曲に聞こえ、顔を上げて聞かせるとアップテンポで明るい曲に聞こえたという結果が出ています。落ち込んでいるから、下を向いてしまうのですが、姿勢が悪ければ、人の言葉をネガティブに捉えてしまう可能性があるということです。

落ち込んでいるときほど、顔を上げて良い姿勢を取ることで気分を良くすることができます。 すると、出来事や人に対してもポジティブに反応することができ、周りから慕われる人になっていくのです。

落ち込んだときほど頭を上げて歩く！

100 感情を書き出す

何かを考えないように努力すればするほど、そのことが頭から離れなくなります。それを解消するためには、紙に書き出す方法が有効です。これは「ジャーナリング」と言い、テキサス大学の社会心理学者、ジェームズ・ペネベイカー教授が実験で証明しました。

1日20分間のジャーナリングを5日間連続で行った失業者と行わなかった失業者のその後の追跡調査を行ったのです。結果は、ジャーナリングをしなかった失業者より、行った失業者のほうが就職率は40％も高かったのです。

またペネベイカー教授は感情的に大きな影響を受けた出来事を書くグループと、感情に関係のない日常的なことを書くグループに分けて実験を行いました。その結果、感情的な出来事を書いたグループのほうが免疫機能がアップし、血圧が下がり、通院回数が減少するなど健康面の向上と幸福感の高まりがあったと言うのです。

ストレスや不安の軽減、喪失体験からの立ち直りとして書くことは有効な方法です。そして、これはボイスレコーダーなどに話すことでも同様の効果があると言われています。

私もひどく落ち込み、眠れず、食欲もないときに藁《わら》をも摑む気持ちでこのジャーナリングに取り組みました。そのときは、名前など個人がわからないようにブログを立ち上げ、そこに書いていく方法を取っていました。当時はこんなもので立ち直れるのか？と半信半疑でした。ただ、あまりに落ち込んでいるときは、誰かに相談してもその反応が自分の望むものでないとかえって傷ついてしまい、余計落ち込むので、ブログにしたのです。

ショックから何年も立ち直れない人が多い出来事で、私も一生立ち直れないかも？立ち直るのに年単位かかるかも？と思ったのですが、自分の気持ちを書きはじめて3カ月ぐらいするとかなり気持ちが楽になり、半年後にはほぼ普通の精神状態になっていました。ジャーナリングってやっぱり効果あるんだ！と実感した瞬間でした。

能力は心の状態に比例します。**いつも良い気分でいるために、もやもやした気持ちを書き出すのも大切です。**

気分が落ち込んでいては、仕事にも身が入らず人にも親切にできません。

いつもポジティブで良い気分の方に人は引き寄せられます。

もやもやした気持ちをそのままにしない！

おわりに

最後までおつき合いいただき、ありがとうございました。

相手のことを理解しようと思うなら、相手をよく見て、聞いて、感じることです。

相手の表情や、声色の変化で喜怒哀楽がわかりますし、相手が貧乏ゆすりをしていればイライラしていると感じることができます。

心は見ることも触ることもできないと言われますが、実は、目の前の相手を見て、聞いて、感じれば、相手の内側（心）はすべて外側に現れていることがわかります。

今まで人生をどう生きて、どんな考えを持っていて、今何をしていて、これからどうしていきたいのかという相手の情報は、目の前にいる相手の表情、雰囲気や話、選ぶ服装などにすべて現れています。つまり、相手の過去も現在も未来もすべて、「今ここ」に集中しているのです。

だから、目の前の人に心の矢印を向けるだけで、あなたは相手の多くを理解し、良い人間関係を築いていけます。人は自分を理解してくれる人に心を開かずにはいられないからです。

雲の流れで雨が降ることがわかるように、葉が紅葉するのを見て季節の移り変わりを感じるように、私達は目に見えていることから、目に見えないものを理解しているのです。人の心も同じです。目に見える部分から、目に見えない相手の心を理解するのです。

ただ、自分の心の状態が良くないと、クリアな目で相手を見ることができません。歪んだ認知で捉えたり、自分の思考が過去や未来に行ってしまって、目の前の人に集中できないからです。

だから、多くの心理学では自分の気持ちのセルフコントロールと相手へのコミュニケーション法をセットで伝えています。

本書でもこの2つをお伝えしてきました。

相手を理解するとき、私達は自分の今までの経験や能力を総動員します。

料理人は、料理を一口食べるだけでどんな調味料が使われているかを理解します。

植物学者は似たような野草の違いを理解しています。

その分野の情報に詳しければ、理解度も高いのです。

人の心理について詳しければ、相手を理解することに役立ちます。そこで、本書では心理学をベースにお伝えしました。


本書を手に取ってくださってありがとうございます。

自分の手元に来たものは、それが服であれ、ペットであれ、本であれ、それらはすべてあなたを幸せにするためにやってきたものだと言われます。

あなたの潜在意識が引き寄せているのです。

この本があなたに幸せな人間関係をもたらすきっかけになることを祈っています。

２０２０年７月　藤本　梨恵子

■著者略歴
藤本　梨恵子（ふじもと　りえこ）
ファイン・メンタルカラー研究所代表
米国NLP協会認定NLPマスタープラクティショナー
国家資格 キャリアコンサルタント
産業カウンセラー
パーソナルカラーアナリスト
カラーセラピスト

愛知県生まれ。
10年以上デザイナーを経験。当時月130時間を超える残業のストレスで前歯が折れる。これを機に「幸せな生き方とはなにか？」を考え、本格的にキャリアカウンセリングや心理学を学ぶ。NLP心理学を中心にコーチング、カウンセリング、マインドフル瞑想などの手法を習得し統合。その手法を生かし、キャリアカウンセラー・講師として独立。各企業・大学・公共機関の講演の登壇数は2000回を超え、婚活から就活まで相談者数は1万人を超えている。コーチング、パーソナルカラー、カラーセラピスト、骨格診断ファッションアナリスト等のプロ養成講座の卒業生は500人を超え、個人診断においては1000人を超える。

ファイン・メンタルカラー研究所
https://fine-color.com/

本書の内容に関するお問い合わせは弊社HPからお願いいたします。

なぜか好《す》かれる人《ひと》がやっている100の習慣《しゅうかん》

2020年　8月　23日　初版発行
2021年　2月　22日　第30刷発行

著　者　藤《ふじ》本《もと》梨《り》恵《え》子《こ》
発行者　石野栄一

〒112-0005 東京都文京区水道2-11-5
電話 (03) 5395-7650（代表）
(03) 5395-7654（FAX）
郵便振替 00150-6-183481
https://www.asuka-g.co.jp

明日香出版社

■スタッフ■　BP事業部　久松圭祐／藤田知子／藤本さやか／田中裕也／朝倉優梨奈／竹中初音　BS事業部　渡辺久夫／奥本達哉／横尾一樹／関山美保子

印刷　株式会社文昇堂
製本　根本製本株式会社
ISBN 978-4-7569-2105-5 C0036

編集担当　久松圭祐

ISBN978-4-7569-2053-9

一流の「話し方」全技術

井上 健哉 著

B6判　280ページ

本体 1500円＋税

高水準で結果を出す人は話し方が違う。しっかり結果を残せるよう、相手によって話し方を変え、聞いてもらえるよう工夫をする。二十数年にわたり生保業界のトップランナーである著者が、仕事で使える話し方の極意を教える。

ISBN978-4-7569-2007-2

図解　身近にあふれる「男と女の心理学」が３時間でわかる本

内藤　誼人 著

Ｂ６判　248 ページ

本体 1400 円＋税

「心理」といえば人間関係、「人間関係」といえば男女間のすれ違いや誤解や衝突…が一番の関心事。そんな「男女の人間関係」にまつわる心理学を身近な事例を引き合いにまとめる。心理学の学術論文に裏付けされた内容をわかりやすいタッチでひも解く。

ISBN978-4-7569-1975-5

図解　身近にあふれる「心理学」が３時間でわかる本

内藤　誼人 著

Ｂ６判　208 ページ
本体 1400 円＋税

職場や街中、買い物や人づきあいなど、私達の何げない日常には「心理学」で説明できることがたくさんあります。そうした「身近にあふれる心理学」を、ベストセラー著者である内藤誼人さんがひも解きます。本書では、約 60 の身近な事例を取り上げ、図やイラストを交えながら説明します。楽しみながら心理学を学べる、雑学教養書です。

ISBN978-4-7569-2078-2

雑談の一流、二流、三流

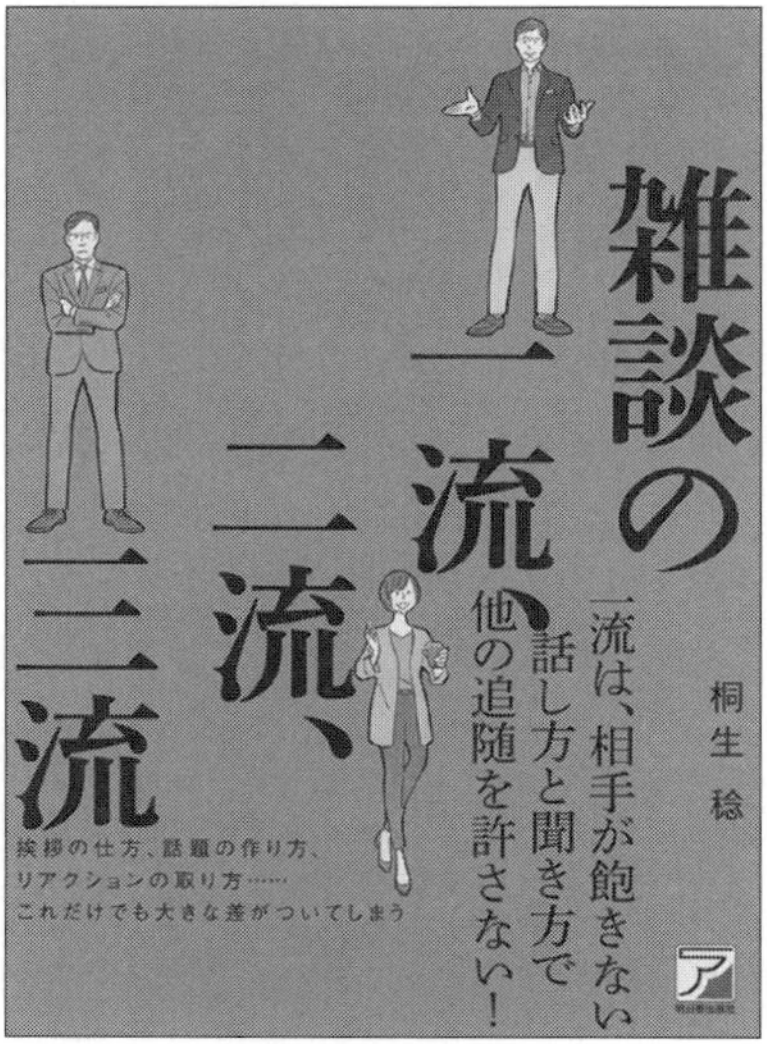

桐生 稔 著

B６判　224ページ

本体 1500 円＋税

はじめて会う人と話が続かない、異性と話すのが苦手、上司と話すのも苦手……そんな悩みを抱いているビジネスマン、ビジネスウーマンは多い。三流がしてしまう雑談、二流がしてしまう雑談、一流の人がやってる雑談の 3a 比較しながら、会話の仕方を学習できる本。